Series in

U0555031

王仁湘　主编

PURE
AND NOBLE

冰清玉洁
——中国古代玉文化
The Jade Culture of Ancient China

古 方 著
by Gu Fang

文物出版社

图书在版编目（ＣＩＰ）数据

冰清玉洁：中国古代玉文化 / 古方著. -- 北京：
文物出版社, 2023.12
ISBN 978-7-5010-8251-3

Ⅰ. ①冰… Ⅱ. ①古… Ⅲ. ①古玉器－文化研究－中
国 Ⅳ. ①K876.84

中国国家版本馆CIP数据核字（2023）第214651号

审图号：GS（2023）3967号

冰清玉洁
——中国古代玉文化

著　　者：古　方
丛书主编：王仁湘

责任编辑：马晨旭
责任印制：王　芳
封面设计：特木热

出版发行：文物出版社
社　　址：北京市东城区东直门内北小街2号楼
邮　　编：100007
网　　址：http://www.wenwu.com
经　　销：新华书店
制版印刷：天津裕同印刷有限公司
开　　本：710mm×1000mm　1/16
印　　张：15.25
版　　次：2023年12月第1版
印　　次：2023年12月第1次印刷
书　　号：ISBN 978-7-5010-8251-3
定　　价：98.00元

徜徉在文明的长河

　　文明，如同是一条长河，涓滴汇溪，宽缓窄急，回旋蜿蜒，奔流不息，时有波平又浪起，时见雾涌又云蒸，景象万千。

　　文明之河悠长，如今站在长河的何处，我们其实知道也不知道。我们并不知晓河源有多远，也不知晓河流有多长，所以也不能完全明白自己的坐标在哪里。我们只是看到前后不远处的气象，更远处的景致，通常只是从文本与传说获得的印象，既不真切，也不确定，还有许多的猜测。更有文明孕育的遥远年代，许多的故事也都有待发现，有待复构。

　　我们会好奇，好奇文明长河那些未知的风景，想知道风景是怎样的妖娆，想看看色彩是怎样的斑斓？我们真惊奇，但见长河散璧遗珠，是那样典雅温润，想象中还有多少失踪的宝藏？我们也会惊叹，长河流淌过的人文情怀是如何光灿日月，我们的民族精神是怎样的不屈不挠？我们也很惊疑，长河源头究竟有多远，众里寻她千百度，还需几番探寻才能确认？我们非常向往，文明长河会流向何方，百川归海又会是怎样的气势？

　　忽如一夜东风来，考古列入国家文化建设战略，我们心中的文明之谜将会加速开解。我们的社会活跃着一批考古人，考古人回归文明长河，直入到历史层面，去获取我们已然忘却的信息，穿越时空去旅行与采风，将从前的事物与消息带给现代人，也带给未来人。

　　考古，如同是一列筏子，是漂泊在文明长河上的筏子，石器美玉，彩陶黑陶，甲骨青铜，秦砖汉瓦，酒樽茶盏，丝帛锦绣，满载宝藏。这筏子上撑篙把舵的考古人，还会关注更多的细节，他们由细节驶往真实的形色历史中。与历史学家不同的是，考古人是在不同的维度上重现历史的面貌，这是立体的历史，是全真的历史。

考古人研究一式式陶器，一座座废墟，一群群墓葬，一坑坑垃圾，一组组壁画；考察大长城、大古都、大聚落、大陵墓、大运河、大丝路。考古人探索人类起源、农业起源、文明起源、国家起源、文字起源、技术发展以及文化艺术诸多课题。考古，就是研究实在的历史，复原历史的样相与色彩，寻找我们的文化根脉，重构我们的文化传统，重建我们的文化自信。

人事有代谢，往来成古今。过往与未来，都会令我们迷恋。未知的世界，都会让我们好奇。感受文明跳动的脉搏，探究文明前行的动力，明确我们的坐标，要依仗考古人。考古人带我们赏鉴和感触文明长河的浪花，让我们的心灵与过去和未来世界相通。

"考古与文明"这一个系列读本，是考古人合力扎起的一个个筏子，让我们一起登上这筏子，去展开一次次特别的旅行，到文明长河去徜徉去感悟去漂流吧！

王仁湘

目 录

前　言

　　现今日常生活中，玉器或佩戴，或陈设，不过是寻常装饰品而已。玉器在中国文明史上的重要性，并不是人人皆知的。玉文化绵延八千年，至今魅力不减，生命力越来越旺盛，不能不说是世界文化史上的奇迹。玉器对中国古代的政治、礼仪、商贸、图腾、宗教、信仰乃至生活习俗和审美情趣所产生的影响，是其他任何古器物无法比拟的。一部玉器发展史就是一部中国文明史。玉器在古代社会中既是精神财富，也是物质财富。玉所特有的美丽光泽和温润内质使它成为一种超自然物品，被赋予人文之美，古人似乎对玉倾注了全部的才智和热情。所谓"君子比德玉"，"德"既是玉的特性，又被拟人化、道德化，成为古人心目中正人君子良好品德的象征。《红楼梦》中还描写了玉的神灵效应。小说开篇写"补天石"幻形为"通灵宝玉"，将它悬至门上，着了魔的凤姐、贾宝玉立刻峰回路转，病好如初。它的得失可使怡红院里的花树忽萎忽开，而正是这种神灵效应，使贾母等人对"通灵宝玉"倍加赏识，视为"命根子"。玉材的珍稀和雕工的艰难，以及用玉礼制化，使得玉器的身价为货宝之首，古人有"黄金有价玉无价"之说。宋代开始，玉器成为古玩，更是人们高价追逐的对象，"居家无玉，宛如非士夫之宅第"。

　　斗转星移，时光飞逝，远古时期先民的用玉制度已被蒙上了一层神秘莫测的面纱，古玉那奇异而抽象的造型和纹饰常使我们感到朦胧而遥远，那鬼斧神工的雕技令现代玉工也叹为观止。近几十年来，中国考古学的迅猛发展为我们全面认识古玉提供了科学、翔实的材料，一座座古墓被发掘出来，无数古玉重见天日，世人有幸一睹古人用玉的风采。"中国古代玉文化"的研究也步入正轨，我们虽不能完全认识古玉，但正逐渐接近原貌。

尘封数千年的神秘之门慢慢被打开，种种谜团即将揭晓，让我们共同探寻中国玉器发展的足迹，感受中华民族爱玉、尊玉的深厚情怀！

古　方

2022 年 7 月

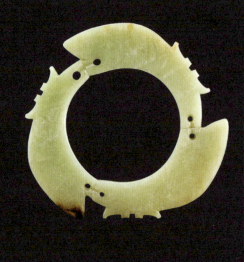

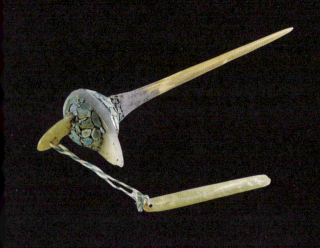

温润光洁话美玉

世之瑰宝

中国玉器有着近万年的悠久历史，从新石器时代早期到今天，玉器文化绵延不断，保持着旺盛的生命力，这是世界上罕见的文化现象。玉在中国人的心目中具有崇高的地位，自古以来，它对社会的政治、礼仪、宗教、审美情趣等方面影响很大，是一种高层次的文化载体，也是其他古器物不可比拟的，因此可以说玉器是中华文明的奠基石（图1）。

原始人类对玉器的认识有一个发展的过程，当时人们常把质地比一般石材更细腻坚硬、色彩绚丽斑斓近似玉质的彩石视为宝物，因此古人对玉的笼统概念是"石之美者"，并赋予这些充满神秘感的"美石"以信仰和崇拜功能。由于生产技术水平较低，加工这些玉石料不易，所以琢制成型的彩石更显珍贵，这是人类对玉的最初认识。当时的玉器质料较杂，并非像后世玉器以纯玉料制成，而是杂以各种石料，所以此时的玉器可称为"彩石玉器"（图2）。

我们知道，玉是以其绚丽的外观和温润的内质受到人们重视和推崇的。作为一种工艺品，它的产生是与古人的审美观念相联系的。那么，玉饰品最早是什么时候出现的呢？

在人类迎来文明曙光之前，我们的祖先曾经走过了几百万年漫长的发展历程。从人类诞生到新石器时代之前，人们使用的劳动工具主要是打制的石器，考古学上把这个时期称作旧石器时代。在那时，人们过着茹毛饮血的原始生活，处在一个对自然物进行简易加工的

图1 温润华丽、雕刻精美的玉器是中华文明的奠基石

图2 "彩石玉器"之叶蜡石饰品

图3 距今一万八千年的北京山顶洞人制作的装饰品

初级阶段。到了旧石器时代晚期，也就是距今4万至1万年之间，随着制石工艺的进步，生活状况有了明显的改善。在我国北方的黄河、辽河流域的一些原始人类中，逐渐萌发出审美意识，这种意识反映在现实生活中，就是产生了许多人体装饰品（图3）。

在众多的装饰品中，以牙、骨类最多，石质较少。虽然人们对诸多岩石的不同性能及特点有了一定了解，但对玉似乎缺乏认识，没有用来做装饰品。这并不意味着当时人们接触不到玉石原料，辽宁海城小孤山旧石器遗址就出土有用绿色蛇纹石制成的玉质工具（图4）。由于那时还处于打制粗糙石器的原始阶段，难以把硬度较大的玉料加工成小巧的装饰品，所以人们只能"望玉兴叹"

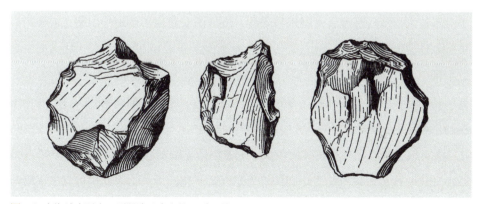

图4 辽宁海城小孤山旧石器遗址出土的玉质工具

图 5 兴隆洼文化遗址

了。虽然在旧石器时代还没有出现玉饰品，但其他各种质料人体装饰品的出现，表明了审美观念的萌生和人们精神世界的日益丰富，而这一切为玉饰品的诞生奠定了基础。

新石器时代，人们普遍使用磨制工具，生产技能有了重大飞跃，随之而产生了治玉技术。从目前考古发掘资料来看，最早的玉器之一出现于内蒙古赤峰市敖汉旗兴隆洼文化遗址中（图 5）。遗址的时代距今为 8000 年左右，共出土玉器数十件（图 6）。这些玉器色泽纯正，磨制光滑，经鉴定，其玉料大多数是透闪石，有的是阳起石。从玉器形制之奇巧、工艺之精美、选料之准确来分析，当时的玉器制作和使用已比较发达。

在兴隆洼文化所分布的辽河流域，玉器制作业最发达的时期是距今 5500 年的红山文化时代，而兴隆洼文化则被认为是红山文化的源头，因此也可以把兴隆洼遗址中出土的玉器看作是红山文化玉器的渊源。但兴隆洼文化玉器并非是这一地区最初的原始玉器，因为在它们的玉器上所表现的进步特征是显而易见的。从时代上来看，这一地区还未发现距今 1 万年至 8000 年之间的古代遗址，而人类恰恰就是在这个时期跨入了文明新时代。玉器的出现与人类从打制石器转向磨制石器的生产技能的提高有密切关系，因为制作一件玉器最基本的步骤是切坯、琢磨和钻孔，需要有比较高的磨制技术，这样才能制作出具有一定美观造型的玉制品。

所以，人类最初制造的玉器究竟是什么样的，至今仍是个谜。但有一点可以肯定，就是限于生产力水平，原始玉器形制都很小，而且用途与装饰品有关。

在南方的江浙一带，浙江余姚河姆渡文化是比较古老的原始文化，距今约7000 年。在河姆渡文化遗址中，出土了玉璜、玉玦、玉管和玉珠等玉饰品（图 7）。玉玦呈扁平状，有个较大缺口，中央孔为管钻而成，孔壁整齐（图 8）。但也有的

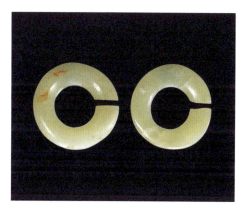

图 6 兴隆洼文化玉玦

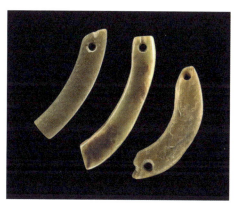

图 7 河姆渡文化玉璜

图 8 河姆渡文化玉玦、玉珠

图 9 崧泽文化玉璜

学者认为河姆渡文化玉器不是以玉料制成的，不能称作真正的玉器，江浙地区最早的玉器应该是崧泽文化遗址所出土的玉制品（图9）。据推测，当时制作玉器的取材范围西至苏州太湖边，南至嘉兴地区海滨，在崧泽附近几千米到数十千米内均有玉矿石出露。

崧泽玉器工艺是一种比较成熟的手工技艺，从工艺风格看，与河姆渡玉器或多或少有继承关系，所以从技艺上讲，崧泽玉器是源于河姆渡玉器的。崧泽玉器的重要意义在于，它为这一地区较晚的发达的玉器文化——良渚文化玉器奠定了工艺基础。

除中国外，世界上还有两个地方以玉器工艺闻名，即中美洲和新西兰。

中美洲的印第安人善于琢治玉器，其琢玉史自公元前21世纪末至公元16世纪，长达3600余年。印第安的古文化有奥尔梅克文化和玛雅文化等，分布在今墨西哥、危地马拉和洪都拉斯西部。奥尔梅克文化（公元前1000～前300年）的主要玉制品有玉斧、装饰品和玉人面等。玛雅文化是中美洲最主要的古代文化，从公元前2500年开始形成，直到16世纪被西班牙殖民者毁灭。玛雅文化琢玉比较发达，精品多数出于墓葬中，有覆盖死者头部、用碧玉制成的玉质面具以及佩于头、耳、项、胸、腕与踝上部等处的玉饰。玛雅有一些用玉习俗与古代中国近似，如死者口中的含玉和脸部的玉覆面（图10），特别是太阳金字塔中的神像壁画与中国良渚文化玉器中的神人兽面像很相似，其意义可能也有相似之处（图11、12）。

新西兰玉器是指毛利族人用绿色彩石雕刻的制品（图13）。毛利族原来居住于波利尼亚群岛，10世

图10　玛雅文化玉覆面

图 11 玛雅文化太阳金字塔中神像壁画

图 12 良渚文化神人兽面纹

图 13 新西兰毛利人玉神像

图 14 1890 年拍摄的手执玉斧，胸前佩玉神像的毛利族首领

纪迁居到新西兰岛，直到 19 世纪前半叶还处于原始社会阶段。主要雕刻制品有神像、首饰和斧等，所使用的深绿色彩石莫氏硬度仅有 3 左右，因此雕刻技艺十分简单（图 14）。

这两处所产玉器无论在造型、纹饰上，还是在延续时间和使用数量上，都远逊于中国古代玉器，所以中国制玉工艺在世界琢玉史上占有极为重要的地位。

山川精英

　　现今人们常把质地坚硬细腻，色泽温润典雅，硬度较大，具有透明感，适于雕琢成工艺美术品的岩石和矿物称为玉。玉的质料有广狭二义。广义上的玉料包括软玉、硬玉、碧玉、蛇纹石、水晶、玉髓、玛瑙、斜长石、黝帘石、汉白玉、石英岩、芙蓉石、绿松石、青金石等，传统的古玉学家们一般采用这个定义。由于广义上的玉料包括范围很广，将许多非玉质的制品也包括在内，所以在研究古玉料来源时往往会遇到很大困难，现在古玉研究者们采用的是狭义玉质定义。狭义的玉料指的是软玉、硬玉、蛇纹石和黝帘石，这个定义比较严格，具有科学性，因此在考古学中被广泛采用。

　　从矿物学角度来看，软玉是角闪石族钙角石组透闪石－阳起石－铁阳起石系列之具有呈毡状、簇状、捆状交织纤维显微结构者（图 15）。这种结构在玉料上看不清楚，但在玉雕成品中就能清楚地显示出来，就好像在微透明的底子上均匀分布的不透明花朵。软玉具有油脂、蜡状光泽，莫氏硬度 6 ~ 6.5，比重为 2.96 ~ 3.17。软玉的质量取决于它的显微结构特征，也就是透闪石－阳起石交织纤维的粗细程度，纤维越细，质量越好。优质的白色软玉由透闪石组成，化学成分为 $Ca_2Mg_5(SiO_4O_{11})_2(OH)_2$。

透闪石－阳起石－铁阳起石系列矿物在自然界分布较广泛，但结构呈致密状的透闪石－阳起石系列矿物集合体的软玉，却分布不广而少见，正如古人所言："玉以少贵，石以多贱。"

　　软玉的颜色取决于矿物中所含的微量元素。不含铁的透闪石呈白色或浅灰色，含铁的透闪石呈淡

图 15　显微镜下的透闪石交织纤维显微结构

绿色或褐色。阳起石为绿色、黄绿色和褐绿色，含石墨呈灰黑色，含磁铁矿则是黑色。软玉颜色的最大特点是除绿色的碧玉外颜色均一。世界上绝大多数的软玉呈绿色，主要产在超基性岩受变质的蛇纹岩中。除中国外，软玉的产地尚有加拿大、美国、波兰、新西兰、津巴布韦、意大利等。

软玉是我国最重要的玉石品种，主要产于新疆和田地区（图 16）。和田玉应用历史悠久，质量最佳，西方学者曾将和田玉称为中国玉，作为中国特有玉料的代表。和田玉的成因是前寒武纪华力西期时（距今约 5 亿

图 16 新疆且末出产的"和田玉王"

年），中酸性岩浆侵入镁质大理岩和白云石大理岩的接触交代形成的产物。第四纪喜马拉雅造山运动中（距今约 4 千万年），昆仑山隆起，成矿带被抬升至海拔4200 ～ 5000 米的雪线高度，可谓是"冰清玉洁"（图 17）。和田玉主要分布在新疆塔里木盆地南面阿尔金山脉和昆仑山脉，东起且末县，西至塔什库尔干塔吉克自治县，东西绵延达 1100 多千米，著名的玉矿有于田县的阿拉玛斯、叶城县的密尔岱和且末县的塔特勒克苏等。和田玉的基本色调有白色、黄色、青色和墨色，白玉中质地细腻、光泽滋润、温滑如羊脂的称为羊脂玉，是和田玉中最名贵的品种。

辽宁岫岩细玉沟所产透闪石，俗称"岫岩老玉"，质地细腻，颜色有白、绿、黄绿等，新石器时代红山文化的许多玉器，就是利用这里的玉料制作的（图18、19）。

硬玉是辉石族钠辉石组中的一个矿物品种，其化学成分为 $NaAl(Si_2O_6)$，莫氏硬度为 6.5 ～ 7，半透明至微透明，颜色有绿、红、黄、白、紫等。硬玉又称翡翠，名称来源于翡翠鸟。这种鸟雄的羽毛红艳，称为翡鸟，雌的羽毛鲜翠，称为翠鸟，翡翠的主要颜色正合乎此鸟，因而名之。翡翠是现代人们喜爱的玉石品种，

图 17 和田玉就蕴藏在冰雪覆盖的群山中

图 18 辽宁岫岩老玉矿

图 19 岫岩老玉矿料

翠绿色玉是硬玉中最为宝贵者，它犹如雨洗冬青，凝翠欲滴，鲜亮清明，晶莹剔透，质地细腻。世界上 90% 的翡翠产于缅甸，清代乾隆时期才大量输入内地，制作的器型以龙形带钩、带扣、方牌、手镯、项链为主（图 20）。

蛇纹石是镁质含水硅酸盐岩，化学成分为 $Mg_6(OH)_8(SiO_4O_{10})$，为蛇纹岩族矿物的纤维状、鳞片状微晶集合体，莫氏硬度为 2.5～6，半透明，有油脂光泽。颜色常见是微带黄的浅绿色，也有豆绿色、黄绿色、白色、黄色、墨绿色。蛇纹石岩矿中最著名的是岫岩玉和蓝田玉。

岫岩玉又称岫玉，产于辽宁岫岩，是我国现代玉雕工艺品的主要原料（图21），年产量约占全国玉石总产量 60%。岫岩玉质地细腻，以绿色雕为主，成品上可见分布不均匀的丝絮，还可见不透明的白色"云朵"。岫岩瓦沟玉矿是我国目前最大的玉石产地，位于岫岩县城西北 40 千米处，产区范围长达 50 千米。全矿区共发现蛇纹石玉矿 76 个，分属于 11 个蛇纹石化带，总储量为 1.76 万吨。岫玉的开采和使用的历史非常悠久，在辽河流域和辽东半岛的新石器时代遗址中，就出土有岫玉制成的玉器。

蓝田玉开发历史很早，汉唐时期的许多文献史料及诗词歌赋都提到了蓝田玉，如《汉书·地理志》和《后汉书·郡国志》都说蓝田出美玉；班固的《西都赋》和张衡的《西京赋》中对蓝田玉赞美有加；唐玄宗曾令"采蓝田绿玉为磬"；诗人李商隐的《锦瑟》则有"蓝田日暖玉生烟"的著名诗句。汉唐时期大量开采和使用蓝田玉是有其历史背景的。首先，中国古代玉文化在汉唐时期处在发达阶段，社会各阶层用玉蔚然成风，追求美玉成为时代的潮流；其次，当时的玉材以和田玉为上，但和田采玉和运输甚为艰难，其输入量难以满足汉唐盛

图 20　清代翡翠带扣

图 21　岫岩蛇纹石玉摆件

世用玉的需求，蓝田玉正好填补了这个空缺；再者，蓝田地近汉唐都城长安，玉矿蕴藏量很大，而且开采和运输都极为便利，因此被大量使用。

蓝田玉的颜色有白色、灰白色、黄色、黄绿色、灰绿色、绿色和黑色等，大多不透明，其特点是多种颜色混杂一起，形成绚丽多彩的颜色，这或许是古人称之为"美玉"的原因（图 22）。其中玉质最佳者为苹果绿色，杂质较少，透明度高，俗称"翠绿"。蓝田玉主要蕴藏在秦岭太古代秦岭群顶部一层变质较深的黑云母角闪片麻岩中，成夹层产出，断续延伸数千米（图 23）。采矿点位于蓝田猿人化石出土地点公王岭后面的玉川山，即今蓝田县玉川、红星乡一带，距县城约 40 千米，有公路相通，交通便利。现有采矿点 20 余处，有的矿点就位于公路旁（图 24）。

汉唐时期的蓝田玉遗物近年来逐渐被发现。汉茂陵陵园的外城范围内，曾出土一件四神纹玉铺首，用一块完整的苹果绿色玉料雕成，高

图 22 各色蓝田玉料

图 23 出产蓝田玉的秦岭

图 24 蓝田玉矿

34.2、宽35.6、厚14.7厘米，重10.6千克（图 25）。正面雕成兽面纹，张目卷鼻，牙齿外露，形象甚为凶猛。兽面两边浮雕青龙、白虎、朱雀、玄武的形象。经检测，这件玉铺首在质地、色泽、外观组织、比重、硬度方面与现今蓝田玉矿石极为接近，可以断定它是用蓝田玉中的佳品"翠绿"玉制成的。西安碑林博物馆藏一尊隋代弥勒佛像，高约2米。由于长期的摩挲，佛像的膝部和胸部露出了蓝田玉的玉质特征，可以看出这尊佛像是用蓝田玉中不透明的黄绿色玉石雕成的（图 26、27）。

图 25 西汉蓝田玉铺首

独山是河南南阳市北郊的一座小孤山，著名的独山玉就产自这里（图 28）。独山玉是一种蚀变辉长岩，主

图 26 隋代蓝田玉弥勒佛像

要矿物有斜长石、黝帘石、辉透石等。颜色比较复杂，有白、绿、黄、紫等色，硬度较大，为 6.5 ~ 7，质地细腻但不均匀，各色相互交错混杂。

独山玉开采已有很长的历史，20 世纪 40 年代，考古学家李济对殷墟等地出土的 62 件玉器做了比重和硬度测定，确定了商代晚期就有独山玉的存在。战国时南阳地称宛，手工业十分发达，特别是所产铁器，天下闻名。秦宰相李斯曾在《谏逐客书》中历数天下珍奇之物时提到了"宛珠之簪"，说明当时南阳地区的手工业技

图 27 露出蓝田玉质的佛像局部

图 28 独山远眺

术水平很高。西汉时这里为南阳郡郡治宛城所在地，设有工官、铁官。东汉时的南阳还是皇族故里，光武帝刘秀从这里起家。东汉豪强地主的势力极大，庄园经济繁荣，形成全国商业中心。这些因素成为南阳玉雕业形成和发展的强大动力。汉代文献称独山为"玉山"，独山脚下有汉代加工、销售玉器的遗址，叫"玉街寺"。

北魏郦道元的《水经注》和明代李时珍的《本草纲目》也都提到了独山玉，可见独山玉开采历史之悠久。

独山玉经数千年的开采，遍山洞穴累累，古代的采玉坑多为竖井式，由于使用工具较原始，所以一般较浅。现在采玉使用爆破技术及凿岩机、电钻、卷扬机、矿车等机械，效率大为提高（图 29）。现今矿洞主坑道已深至山体中达百米，而密如蛛网的支

图 29 独山玉矿开采现场

道上下纵横交错，十分复杂。

　　提到南阳的玉雕业，就不能不提到玉雕重镇石佛寺。石佛寺镇位于南阳镇平县县城西北10千米处的赵河畔，是闻名遐迩的"玉雕之乡"（图30）。据《镇平县志》记载，元、明时代，玉雕技术和工艺由北京、苏州等地相继传入南阳地区。

图30 壮观的独山玉雕

而在明朝洪武年间，大量外地移民迁入镇平，人口骤增，各行业呈大发展势头，也为玉雕业的发展繁荣带来了前所未有的机遇，制玉水平迅速提高，玉器品种也大为增加，形成了像北京、苏州那样的玉雕盛地。清代时，镇平及石佛寺生产的玉雕制品开始向东南沿海商人出售，或转卖海外。繁盛的玉雕业还造就了一批玉雕工艺大师，其中的代表人物就是仵永甲。仵永甲所雕刻的花木鸟兽和人物，均惟妙惟肖，

图 31 仵永甲雕刻的汉白玉济公像

出神入化。1915 年 12 月，袁世凯复辟帝制，镇平官吏曾献一套仵永甲制作的玉石酒席器皿。1916 年初，袁世凯病重时，又命仵永甲为其制作了香炉、化钱炉、元宝、龙钱、凤钱等祭品。袁世凯死后，这些精制珍品全部陪葬于墓内。从现在存世的一件仵永甲雕刻的汉白玉济公像，可以看出他的玉雕的风格和特点（图 31）。

玉河采玉

在巍巍昆仑山南麓，有座古老而美丽的城市——和田（图 32）。和田，古称于阗，早在公元前 2 世纪就见于文献记载，是著名的玉邑、绢都，汉唐时期更成为丝绸之路西域南道上的重要国家。在今天和田市的东、西两面各有一条河流，分别称玉龙喀什河和喀拉喀什河（图 33）。它们从昆仑山蜿蜒奔腾而下，在和田北面汇合为和田河，注入塔克拉玛干沙漠。这两条河以出产优质的和田玉料而闻名天下，其开采历史最早见于汉代文献。《史记·大宛列传》记载："而汉使穷河源，河源出于阗，其山多玉石。"《汉书·西域传》也说："于阗之西，水皆西流，注西海；其东，水东流，注盐泽，河原出焉，多玉石。"所谓"河原"，

图 32 昆仑山远眺

是指和田河的上游源头，即玉龙喀什河和喀拉喀什河。至少在商代晚期（约公元前 13 世纪），白玉河所产籽玉即已大量输入中原内地，被制作成精美的玉器。河南安阳殷墟商代妇好墓出土的玉器中，有数件小型白玉雕就是用白玉河籽玉制作的。而近年来在昆仑山深处的考古发现表明，大约三千年前，这里的先民就在开采和使用和田玉（图 34）。千百年来白玉河的玉料源源不断输入中原，对中华文明的起源和进步起到了推动作用。

玉龙喀什河又称"白玉河"，多产白玉，特别是极品白玉"羊脂玉"；而喀拉喀什河则多出墨玉，称"墨玉河"。白玉河所产之玉，正如清代陈性《玉

图 33 昆仑山下的玉龙喀什河

图 34 昆仑山流水村墓地出土的玉饰

图 35 昆仑山上的玉矿洞

图 36 矿洞中的玉矿脉清晰可见

图 37 从玉矿中采集的玉料

纪》评价的那样："其玉体如凝脂，精光内蕴，厚质温润，脉理坚密，声音洪亮……"由于自古至今人们对白玉的喜爱和追求，白玉河成为数千年来最重要的采玉之地。和田玉的开采，一般有两种方式：一种是开采山料，称"攻玉"，就是在昆仑山上有原生玉矿的成矿地带，每年 5 月至 8 月天气转暖时，采玉人登昆仑雪山之巅掘坑取玉（图 35 ~ 37）。另一种是在河流上、下游拣玉或挖玉。玉龙喀什河上游有条支流叫汉尼拉克河，它的尽头是现代冰川，称阿格居改（图 38）。阿格居改的雪山处在玉矿的断裂带上，这里的冰川年复一年地侵蚀着玉矿带，将玉料挟带到河谷中（图 39）。由于冰川搬运作用而形成的块状玉料，既不像山料那样棱角分明，也不像籽料那样圆滑鲜润，而是介于两者之间，称"山流

图 38 白玉河源头阿格居改的巨大冰盖

图 39 冰川尽头的冰舌是和田玉籽料的发源地

图 40 寻找到"山流水"玉料的幸运者

水"。每年夏季冰川融化时,就有人来到这里在冰舌附近、冰盖下或冰碛物寻找"山流水",偶有所获(图40)。在玉龙喀什河下游河滩上拣玉和挖玉,以及在河水中捞玉,是获得白玉河玉料的主要方式。每年春、夏时节,昆仑山积雪融化,形成山洪,河水暴涨时,会将玉石冲刷出来。河中的玉料称为"籽玉",是原生玉矿经剥蚀被流水搬运到河流中的玉石,分布于河床及两侧阶地中,一般体积较小,常为卵形,表面光滑。由于长期搬运、冲刷、分选,所以籽玉的质量很好(图41、42)。

从和田市旁的白玉河大桥开始,沿河向南面的昆仑山方向行进至玉龙喀什河渠首,长达10余千米的一段白玉河,河床宽约百米,湍急的河水从河床一侧流过,河床上全是裸露的卵石堆。这里是拣玉和捞玉的主要场所,自古以来,和田的采玉活动也主要集中在这里。清代以前,白玉河的采玉权一直是控制在国王的手里,虽不禁民采,但王室对采玉有优先权,质量好的玉料也往往集中于王室。和田玉是古代西域与中原内地主要贸易货物之一,被视若珍宝,元代马祖常《河湟书事》道:"波斯老贾渡流沙,夜听驼铃识路赊。采玉河边青石子，收来东国易桑麻。"可见就连西亚到中原做生意的商贾经过这里，都要采几件籽玉去换物品。明代宋应星的《天工开物》则描绘了白玉河捞玉图，人们于秋高气爽的月光之夜在河边察玉，"玉璞堆积处，其月色倍明矣"。还有采玉者由女人充当的奇异传说，如"其俗以女人赤身没水而取者，云阴气相召，则玉留不逝，易于捞取……"。清朝再次将新疆纳入中国版图后，清政府于乾隆二十四年（1759年）在和田设

图 41 温润可爱的白玉河籽料

图 42 硕大的墨玉河籽料

办事大臣，并设"哈什伯克"（玉石官），督办采玉。从乾隆二十六年（1761年）起，官督民采成为和田采玉主要方式，即在官员的监督下，役使当地采玉人捞玉，所得之玉全部归官。据清代椿园在《西域闻见录》中对当时捞玉场景的记载道，河底大小石错落平铺，玉子杂生其间。采玉之法，远岸官一员守之，近岸营官一员守之，派熟练回民或三十人一行，或二十人一行截河并肩，赤脚踏石而步，遇有玉石，回民即脚踏知之，鞠躬拾起。岸上兵击锣一棒，官即过朱一点。回民出水，按点索其石子去。可见那时捞玉是何等的严格。官府还禁止民间私贩玉石，并在和田设卡伦（哨卡）12处，检查过往商贩，完全垄断了和田玉的开采和运输。从

乾隆二十五年到嘉庆十七年的 52 年间，共计进贡朝廷的玉石多达 20 余万斤，其中多数是在乾隆朝进贡的。嘉庆皇帝即位后，他对玉的兴趣远不及乾隆皇帝，而且此时皇家府库玉料充盈，于是嘉庆四年（1799 年），清政府开放玉禁，撤销卡伦，准许当地民众开采和贩卖和田玉。官办的采玉生产虽未停止，但产量逐年下降。道光元年（1821 年），清政府完全停止了和田的官办采玉生产，任随民间采挖、捞拣，不予干涉，于是民间采玉之风由此兴盛起来。

现今每值夏、秋时节，很多当地人三三两两地在河滩的卵石堆上（图 43）寻找着籽玉，他们或低头漫步，或用锄、耙等工具翻找，希望运气好能找到籽玉。近年来市场对籽玉的需求量越来越大，致使籽玉的价格不断攀高，一块拇指大小的籽玉白料就价值几千元。但这里离和田市很近，人口稠密，常年有人来寻玉，因此找到籽玉的偶然性很大。据和田地质部门估计，玉龙喀什河古河床目前所蕴藏籽玉总量约 780 吨，平均每立方米卵石中仅含 50 克！因此，古河床中的籽玉是一种十分珍稀的资源。和田玉之所以千百年来为世人所推崇，除了具有丰富的文化内涵外，它的稀少和寻找的艰巨性也使它变得神秘而高贵。

从玉龙喀什河渠首沿河南行约 15 千米，是清代著名的挖玉地点——大、小胡麻地（图 44）。这个地点处在昆仑山山口附近，白玉河从山口奔流而出，形成 500 ~ 800 米宽的冲积扇。由于流速骤减，被河水挟带而下的籽玉就沉积在这一带。清代时，由于和田采玉可以充贡、抵赋税，加之此地产羊脂玉，所以采玉者甚众。

图 43 白玉河下游的采玉人

他们在河谷中起房屋，植树木，长年在此挖玉，其热闹场面正如当地官员杨丕灼的《完璞呈华》一诗中所描写的那样："月出澹云遮，渺渺平沙。眼前完璞见菁华。道是似萤萤又细，碧血犹差。终日听鸣鸦，夜夜灯花。水泉声里有人家。举畚朝朝趋社鼓，一路烟霞。"现今的胡麻地已是一片荒漠，到处是盘状和漏斗形的洼地，四周卵石散

图 44 清代著名挖玉地点——大、小胡麻地

乱堆砌，应是过去挖玉的遗迹。同在河中拣玉和捞玉相比，挖玉付出的劳动更艰巨，长时间局限在很小的范围里，获取率很低，"往往虚掷千金，未偿片玉，难得愈见可贵。然复有一探便得，或才数两，而价值千金者"。从某种意义上看，挖玉行为不啻为一场赌博。和田开放玉禁后，由于采玉和贩玉可获得高额利润，一时间吸引天下逐利之人云集于此，有点像19世纪风行美国西部的"淘金热"。胡麻地现存的一块刻石正是这一事实的写照。这块刻石长约5米，高3米左右，在它一侧刻有"大清道光二十一、（二十）二年山西忻州双堡村王有德在此苦难"的字样（图45）。道光二十一、二十二年即1841、1842年，距今已有整整180年了。所谓"在此苦难"，肯定是指在胡麻地挖玉所经受的体力上的巨大折磨和精神上的痛苦煎熬。只是我们不知道刻字人在两年磨难后，在镌刻这些字时是否找到了籽玉，他是在没挖到玉的情况下，抒发心中的怨愤之情，还是在找到籽玉之后，欣喜之余而发的感慨呢？这恐怕永远是一个谜了。

　　这块刻石中的人名和地名引起了笔者的注意。山西忻州是晋北比较闭塞的地方，100多年前那里的人能到和田来采玉，足可见和田玉的影响力之大。王有德是

图 45 白玉河上的刻石记述了挖玉的艰辛

什么人？真有双堡村这个地方吗？笔者最近到山西忻州实地考察，果然找到了双堡村。双堡村位于忻州市东南约 10 千米，有人口 2000 余人，是一个典型北方村庄（图 46）。王姓在村子里算是大姓，是明洪武二年（1369 年）从山西马邑（今朔州）迁来的。据年龄最长的王黄田老人介绍说，双堡村同当地传统风俗一样，历史上有很多人出门在外谋生，也就是我们所熟知的"走西口"。他还取出了"云"，也就是画在布上的族谱，与笔者一道寻找王有德。使笔者颇感意外的是，族谱中"有"字辈中并没有王有德，但从族谱的辈分推算，"有"字辈距今应隔 8 ～ 9 代，如果以 20 ～ 25 岁为一代的话，年代正好距今 180 年左右，王有德无疑应属于"有"字辈的一员，那么为什么族谱中没有他的名字

图 46 山西忻州双堡村曾卷入挖和田玉的热潮

呢？王黄田老人觉得这种情况很正常，他说如果出外的人不回来成家，不葬在当地，就不会入族谱，因为族谱中的名字是由死者的后人写上的（图47）。笔者恍然大悟，原来王有德一去不复返，根本没有回到双堡村！王黄田老人又说，历史上有三种人没有回来：一是发了财的，不愿回到忻州的

图47 在族谱上寻找王有德

穷乡僻壤，找个舒适之地娶妻生子，安家落户；二是没混出样来或一贫如洗，没脸或无力回乡的；三是死在异乡。笔者眼前仿佛浮现出100多年前，一个20岁左右血气方刚的小伙子，背着行李，加入到"走西口"的人流中，奔赴远隔万里之遥的和田，也许他此时还不知道和田玉是何物，获取它要付出多大的艰辛，但他怀着美好的梦想，相信和田玉会给他带来巨大的财富。王有德最终没有回到双堡村，他的下落和最后归宿为我们留下了无穷的想象空间。笔者相信他的一生会与和田玉相伴，他的经历也是无数玉河采玉人的缩影，正如古人所说："取玉最难，越三江五湖至昆仑山，千人往而百人返，百人往而十人返。"

玉石之路

众所周知，自汉武帝时张骞通西域后，"丝绸之路"成为汉唐时期中原内地与西方世界交通线的代称。实际上，在"丝绸之路"出现之前还存在着一条"玉石之路"，在这条早于丝绸之路两千多年中西贸易和文化交流大动脉上，向中原内地输送着产自昆仑山或和田地区的玉料（图48）。由于和田玉在中国古代玉器和文明发展史上的特殊地位，它最早输入中原的时间和路线问题成为人们长期以来讨论的焦点。考古发掘证实，在商代晚期和田玉已大量输入中原，当然，人们

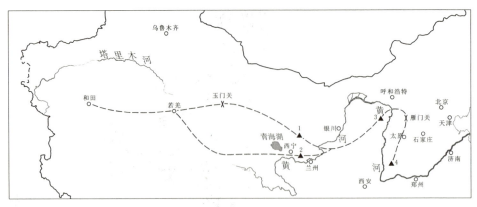

公元前 20 世纪"玉石之路"路线图
——"玉石之路"路线　▲ 古代遗址
1 甘肃武威皇娘娘台（齐家文化）　　　2 青海民和喇家（齐家文化）
3 陕西神木新华、石峁（石峁文化）　　4 山西襄汾陶寺（陶寺文化）

图 48 公元前 20 世纪"玉石之路"路线图

相信这还不是和田玉东输的最早时代。我们先来探讨一下和田玉东输的原因，即促使和田玉形成长达万里之遥的运输路线的原动力是什么？笔者认为，和田玉本身独一无二的优势和中原王朝的建立是促使和田玉东输的主要动力。

　　首先，和田玉与中原内地的玉料相比，具有品种多、产量大、质量好的特点。古人根据长期的治玉经验，经过对多种玉料的对比和筛选，最终选定了和田玉为玉料中的佳品，从而奠定了和田玉作为数千年来中国古代玉料来源的统治地位。中国史前时代玉器最繁荣的时期，当属新石器时代晚期的东北地区的红山文化和东南地区的良渚文化，其年代分别为距今 5500 ～ 5000 年和 5100 ～ 4200 年。红山和良渚玉器的原料来源已被证实是就地取材，与和田玉无关。实际上，红山和良渚文化衰落后，中国东部的玉料来源处于枯竭状态。黄河中游地区虽然是原始文化最为集中和发达的地方，但却没有发达的玉文化，这与玉料来源的匮乏有直接的关系，所以这一地区在距今 4500 年前是不存在玉文化的。中原地区的这种状况，为后来和田玉从万里之外的西域输入中原内地创造了条件。

　　其次，中原地区在公元前 20 世纪前后跨入了文明门槛，夏王朝的建立标志着中国文明时代的开始发展。王朝的建立是和田玉大规模东输的最重要的动力。随着夏王朝的建立，典章制度必然随之建立，而用玉制度则是其重要内容之一。我们虽然目前对夏王朝的用玉制度不甚了解，但从《周礼》所记载的用玉制度来看已相当完备，对玉料的需求量相当大。尽管《周礼》一书成书年代晚至战国时期，但所记载的用玉制度可能是上古数千年积淀的结果，也可作为研究夏代用玉制度的参考。夏王朝的用玉制度可能不及《周礼》记载得那样复杂，但一些基本内容，如玉礼器的形制和用途（朝觐、祭祀、丧葬、征伐等）已经具备（图49）。用玉制度的建立，使得玉料的需求量具有了规模性和稳定性，这对于和田玉源源不断输入中原内地是至关重要的保证。因此，我们可以设想将公元前20世纪作为和田玉大量输入中原内地的开端。西北地区的一些略早或相当于夏代时期的史前文化玉器中也有一些和田玉制品，数量虽然较少，但意义重大（图50～52）。这证明早在夏代建立前几百年，和田玉已经在向东传输，这一时期也正是中原人们认识和接受和田玉的过程，

图49 相当于夏朝的二里头遗址出土的玉柄形器

图50 新疆塔里木盆地采集的古代玉斧

图51 青海喇家遗址出土的齐家文化玉刀

图52 甘肃齐家文化玉璧

图53 塔里木盆地南缘绿洲最早的原始土著居民
——且末扎滚鲁克墓地出土的干尸

是和田玉大规模东输的先声,而西北地区史前先民则成和田玉东渐的运输者(图53)。

关于"玉石之路"的具体路线,有人曾设想:从和田出发,南路经民丰、楼兰至敦煌;北路经喀什、库车、吐鲁番至敦煌。由敦煌向东,与后来的丝绸之路大体一致,即经河西走廊,越关中平原,出潼关,过豫西、晋南进入中原地区。所谓南路和北路,实际上就是塔里木盆地南、北边缘与昆仑山、天山交界的山前绿洲地带。由于绿洲地带水草丰足,自古以来这里就是人类生息之地,随着古代各部落间的迁徙与交流,自然也就会形成东西向的交通线(图54)。另外,流入塔克拉玛干沙漠的一些较大的南北向河流,如和田河、克里雅河等,在古代应该是连接南、北路的捷径,而不必绕道喀什(图55)。考古调查表明,距现今塔里木盆地南、北边缘绿洲十几千米,甚至几十千

图54 行进在塔克拉玛干沙漠中的驼队

米的沙漠中，分布着许多古代城
址（图 56、57）。这说明古代塔
里木盆地南、北边缘绿洲的范围，
要比今天大得多，而南、北交通
线之间的距离也不会很远，在每
年夏、秋季洪水季节，人们完全
可以顺着河流穿过塔克拉玛干沙
漠。另外，沿昆仑山北麓向东，
越阿尔金山进入柴达木盆地，过
青海湖穿湟水谷地到达甘肃中部，
这在古代也是一条重要的交通路
线（图 58）。

　　"玉石之路"由敦煌向东，
沿祁连山经河西走廊至甘肃中部，
与丝绸之路大体是一致的，但再往
东是否与丝绸之路一致，目前尚难
断定。史前时代运输玉料，没有车
辆，全靠驼马驮行，加上玉石贸易
是通过各部落间转手进行的，并不
像后来丝绸之路那样有一条固定的
路线和驿站的支持，因此玉料运输
应选择地势平缓，便于通行的路线。
从地形来看，兰州往东，地势逐渐
升高，特别是天水至宝鸡之间道路
崎岖难行，不利驼马通行。从考古
资料来看，以客省庄二期文化为代
表的陕西关中龙山文化晚期（距今
4300 ～ 4000 年）遗存中极少见玉

图 55 流入沙漠的克里雅河

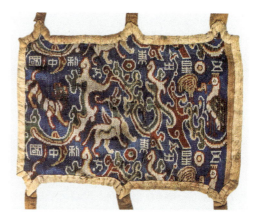

图 56 尼雅遗址出土的汉文织锦反映了和田与中原的
物质交流

图 57 沙漠中的古代遗址

图 58 敦煌汉代玉门关遗址，是和田玉进入中原的第一个关口

器，表明这一时期"玉石之路"可能没有经过关中地区，而关中地区出土的最早和田玉制品，则晚至商周时期了。

那么，如何更合理解释"玉石之路"东进的线路呢？最近的考古发现和研究为我们探索这一问题指出了方向，使我们将研究目光聚集到齐家文化、石峁文化和陶寺文化的地理位置、出土的玉器及相互关系上。

齐家文化分布于甘肃大部、青海东部、宁夏西部和南部，包括内蒙古的腾格里沙漠，大致以甘肃中部的临夏—定西—兰州为中心，方圆约 600 千米的区域，时代为距今 4200～3800 年。玉器主要有斧、琮、璧（包括联璜璧）、璜、刀、佩饰等（图 59、60）。其中的璧、琮可能来源于良渚文化的影响。齐家文化玉器中有一些是用和田玉制成的，因此齐家文化真正重要的是体现在对和田玉的认识和使用，起了联系中原玉文化与西部玉料产地的中介作用。

石峁文化分布于内蒙古中南部、陕北和晋西北，时代为距今 4150～3850 年。玉器主要有璧、璜、刀、斧、环、牙璋、璇玑、人头雕像、动物雕像等（图 61、62）。石峁遗址出土玉器中有一些与和田玉非常相似。

陶寺文化主要分布于晋南的汾河下游和浍河流域，时代为距今 4600～4000 年。玉器主要有斧、璧（包括联璜璧）、璜、琮、双孔刀、笄、组合头饰、项饰、臂环、镶嵌腕饰以及其他零散饰件等，大多出土于遗址晚期（距今约 4300～4000 年）的墓葬中，有少数玉器可以肯定系和田玉制成（图 63、64）。

图 59 齐家文化玉琮

图 60 齐家文化联璜璧

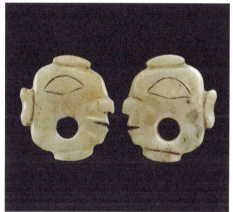

图 61 石峁文化玉人像

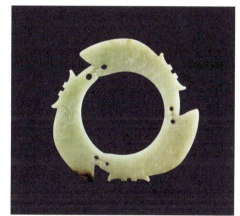

图 62 石峁文化玉璇玑

图 63 陶寺文化玉环

图 64 陶寺文化玉兽面

图 65 "玉石之路"草原段所经过的内蒙古鄂尔多斯草原南部

从三者玉器之间的相互关系来看,它们存在着许多共性。首先,玉器出现的时间大致都在公元前 20 世纪左右或稍早;其次,都有少量的和田玉制品;再者,玉器一般都光素无纹,一些主要器型,如斧(钺)、琮、刀、环、璜等,形制也很相像,它们间的交流是显而易见的。从地理位置来看,三者分布范围自西向东基本是衔接的。因此,我们设想当时的"玉石之路",可能从甘肃中部向东,经宁夏、内蒙古南部、陕西北部进入山西。这条路线可称之为"玉石之路"的"草原道"(图 65)。从距离上看,这条路线比取道关中为远,但有一些便利运输的条件。比如,这条路线主要行进在草原和沙漠上,地势起伏平缓,便于驼马运输。尽管需要跨越黄河,但黄河是季节性很强的河流,在冬季枯水期比较容易渡过。齐家、新华和陶寺的文化面貌显示,在它们分布的地域内,原始部落众多,人口也较稠密,这也为交通提供了便利条件。

这条路线在先秦文献中亦可找到一些线索。《穆天子传》记载西周穆王西巡路线,是从关中出发进入河南,往北经山西出雁门关到达内蒙古南部,再沿黄河经宁夏到甘肃过青海入新疆。《史记·赵世家》记载,赵惠文王十六年(公元前

283 年），苏厉给惠文王的信中指出，若秦军"踰句注，斩常山而守之，三百里而通于燕，代马胡犬不东下，昆山之玉不出，此三宝者亦非王有已"。句注山即在今山西雁门关西北。所谓"东下"，显然是说代马、胡犬与和田玉这三宝是从西北地区经今陕北和内蒙古南部一带运来的，这正与"玉石之路"的"草原道"路线相吻合。雁门关是山西南北交通的要冲，也是玉石之路草原道上的一个重要关口（图 66）。雁门关最早称"隃"，战国至汉时称"句注塞"，从新石器时代晚期起成为黄河流域定居的农耕文化与北方草原游牧民族文化的接触地，对沟通两地的经济文化交流起到了重要作用。因此，从公元前 20 世纪前后至战国时期，雁门关是玉石之路的必经之地，也可以看作是玉石之路"草原道"的终点，就是说和田玉的运输经过雁门关后就算进入了中原内地。

陶寺遗址是和田玉最早输入中原的第一站，这是有其历史背景的。公元前 2500 年前后，陶寺文化空前发达，已形成黄河、长江流域及周围地区各文化系统辐辏中原、集多源于一统的趋势，成为四千多年前龙山时代最初华夏文明共同体

图 66 "玉石之路"的终点——雁门关

图 67　陶寺文化组合头饰

的一个缩影。最近，陶寺遗址又发现了总面积在 200 万平方米以上的城址，可能是古史传说中尧舜禹时期都城所在地。更重要的是陶寺文化中由陶器、漆木器、玉石器构成的完整的非铜礼器组合，体现出早期礼器的特点，为夏、商、周三代礼乐制度奠定了基础。

陶寺遗址出土和田玉制品数量虽少，但至少说明"玉石之路"的存在，而且陶寺人已初步认识到和田玉华丽的外表和温润的内质，接受并使用了和田玉。陶寺墓地 M2023 出土一件玉骨组合头饰，是最精致的器物之一，包括骨笄 1 件、玉饰 3 件、绿松石嵌片 60 余枚（图 67）。其中有一件半圆形穿孔玉片，是用和田透闪石软玉制成的，可见陶寺人对和田玉是很珍视的，而且只有首领和贵族等级的人才能使用。

天工玉作

中国玉器的制作工艺，直到近代都是在手工业作坊中进行的（图 68）。从明清时期制玉业来看，其工艺过程大致分为 5 个步骤。

第一步是开玉，即将玉料外包裹粗松的石面削掉，切削的主要工具是条锯。锯割时，要掺加水和颗粒细碎均匀的石砂（即解玉砂），以降低摩擦产生的热和增加摩擦系数（图 69）。

第二步是在车床上将玉料琢制出器物的大致轮廓。加工玉料的车床叫"旋车"，上面安置"扎砣"（圆形薄钢盘）、"冲砣"（圆形钢圈）和"磨砣"（圆形厚钢盘），先将玉料切成方块或方条，然后冲去棱角，最后再磨细器物表面（图 70）。

图 68 明代宋应星《天工开物》中的琢玉图

图 69 制玉过程的第一步，即将大块的玉璞锯开

图 70 第二步是在车床上将玉料琢制出器物的大致轮廓

图 71 第三步是掏空已经雕成的玉器内膛

　　第三步是将已经雕琢好外形的玉器，掏空它们的内膛，形成内空的容器，使用的工具是钢卷筒和一端套着弯钩的铁轴。对于一些小物件，如鼻烟壶、扳指、烟袋等，掏空时需要特别娴熟的技巧（图 71）。

　　第四步是在玉器的外表雕琢各种花纹，使用的工具类似钉子形状，主要琢刻阴线条。雕琢镂空的花纹需要打钻，使用的工具是弯弓和金刚钻，金刚钻的硬度是 10，可以刻动所有的矿物。琢刻透雕图案时，用钢丝伸入已钻好的孔眼内，按照玉片上画好的线条来切割（图 72）。

图 72　第四步是在玉器的外表雕琢各种花纹　　图 73　第五步是把已雕琢好的玉器外表抛光

第五步是把已雕琢好的玉器外表，仔细地磨光。先用木制圆盘外包上牛皮（称"皮砣"），配上似沙土的"宝料"，做最后的磨光（图 73 ）。

每当我们欣赏远古精美的玉器时，在赞叹之余，都会想到一个令人困惑的问题：几千年前古人是用什么工具来琢治玉器的？史前时期，生产技术水平十分低下，人们使用的生产工具是以石、木、骨、牙、角、蚌等天然质料制成的，其坚硬程度远不及青铜和铁器，用它们来琢治硬度较大的玉器显然是相当费力的。然而，摆在我们面前琳琅满目的史前玉器，告诉我们这样一个事实：原始人类已经掌握了一套虽然原始简陋，但却娴熟精湛的治玉技术。玉器制造业代表着当时手工业的最高水平。

在考古发掘中，曾发现一些原始治玉工具，以及琢制玉器时废弃的边角料和留有加工痕迹的玉器成品，使我们可以循序复原出比较接近当时治玉的真实工艺过程。据推测，当时的治玉工序分为采玉、开眼、解玉、钻孔、打磨、镂刻、抛光等。新西兰毛利人的原始制玉工艺也可作为参考。

在原始时期，人们的生产活动受自然地理环境限制，形成一个个较为封闭的文化圈，同外界联系较少，因此长途贩运玉料是不太可能的，各地玉料的来源应是"就地取材"。远古时期大量开采石器石料，估计采取玉料的方法与采石相似。玉多蕴藏于山地岩脉中，亦有被水冲刷而外露的，亦有崩落为零星砾块的（图 74 ）。可能当时人们沿山溪寻找裸露在外的玉而采之，也可能是人们在采剖其他用途的石料时发现这类绚丽斑斓的"美石"的零星分布而兼采之。由于几千年不断地开采，现今在史前文化较发达地区的地表或山边，已很难见到成片成块的玉蕴了。

开眼就是利用敲打锤击除掉玉璞外面的氧化层（俗称"玉皮"），使玉材内所含玉质得以完全暴露。开眼的工艺虽然简单，但要求玉工对玉材的识别、选择及敲击技术有相当丰富的经验。原始时代用于开眼的工具，可以用石块、石斧、石凿、石锤充任。开出的玉璞，可制成一器，亦可制成多器，这需要有比较精确的分割计算与设计。

解玉就是把开眼后的玉料依制作成品的需要截割下来。据判断，原始玉料上遗留下来的抛物线截割痕迹是用皮条弓截割的，其方法是先将兽皮用石刀划成长条，晒晾干，用竹子做成弓，皮条做弦，将玉料固定后，两人来回拉皮条子，一人不断加水蘸砂，利用皮条带动砂粒，慢慢将玉割开。如不用弓，仅用一根皮条也是可行的，方法基本同上，只不过是两人各执皮条的一端，端上可系一短木棒，便于握紧，来回拉动皮条，也同样可以截割。由于皮条较粗，且两头用力，加之用力不均匀与切入面晃动，所以在玉料截割面上留下的痕迹就必然凹凸不平（图75）。有一些玉料抛物线形截割面上所反映的抛光样光泽，当为兽皮脂肪摩擦浸渗作用所致。皮条弓的优点在于柔韧耐磨性较强，可随意改变切割方向，既能做直线运动，又能做弧线运动，很适宜用于开料和透雕。

至于有的玉料截割面上留下的平行直线截割痕迹，是用竹片或木片加水蘸砂来回拉动截割的，用长条形薄石片或骨片加水蘸砂也可

图74 裸露在山体之中的岫岩玉矿脉

图 75　良渚文化玉璧上留下的线截割痕迹

图 76　新西兰毛利人解玉图

图 77　齐家文化玉料上留下的片截割痕迹

以解玉（图 76、77）。用竹片等物体解玉留下的截割面较为平滑，有抛光样光泽。用竹、木片截割玉料较为费时，而且耗损大，但由于原料来源丰富，故这种方法在当时可能被广泛采用。

解玉砂在原始琢玉工序中是非常关键的辅助料，因为无论是旋转摩擦还是直线摩擦解玉，都离不开用砂做中介物，原始时代的解玉砂估计是经过筛选的天然砂。江苏武进寺墩良渚文化墓葬中出土的一件玉璧上铺有一层砂粒，系花岗岩粗砂粒，其中硬度高达 7 的石英石占 30% ~ 40%，这应是史前时代玉工使用的解玉砂（图 78）。

钻孔是在已截割好的玉料上根据需要钻出大小不同的穿孔。钻孔法有两种，一是"钻头钻"（即后来的桯钻），一是"管钻"。钻头钻的孔径比较小，一般 0.1 ~ 0.3 厘米，玉饰件上常见这一类的小孔。用于钻孔的钻头，其硬度必大于玉料的硬度。江苏丹徒磨盘墩良渚文化遗址及附近一些地点出土的大量细石器中有许多石钻头，石质为黑色燧石，即黑石英，硬度可

图78 良渚文化玉璧上的粗粒解玉砂

达 7。古人把这种钻头装在木柄上，再用人力在玉料上钻孔是完全可以的（图79）。

　　管钻所钻的孔径较大，可达 2 ～ 5 厘米，在当时可用于钻孔的管子有竹、木、骨管（图80、81）。当时管钻的方法是把已截割好的玉料固定，定好圆心后，将开了槽的管钻安放在圆心上，管钻的上端可能用木板或石块加一定的压力，一人稳定管钻，并不断向槽内加水添砂，也可借此人力，

图79 新西兰毛利人钻孔图

向下施加压力，另外一人或两人用皮条（或绳索）在钻柄上缠绕数道，握住皮条两端来回拉，使管钻转动，以带动砂粒摩擦而钻成圆孔。由于在玉料内钻孔越向下越费劲，所以琮、璧等玉器都是两面对钻，以减少夹塞阻力，提高速度，但因为圆心定位的偏差，所以两面对钻的孔位往往有错位（图82）。当时钻管的壁较厚，转速也比较慢，表现出较原始的情形。

打磨是将已截割好、钻成孔的玉料打磨成型。当时打磨的方法可能有两种，一种是将玉料固定，用砺石加水在玉料上打磨；一是将砺石固定，用玉料加水在砺石上打磨，这实际上是一道成型工序。在玉料打磨成型的同时，也将玉料的大部分截割痕迹磨去，除部分玉器成品上由于截割痕迹较深而有保留外，一般玉器

图80 齐家文化玉料上留下的管钻痕迹

图81 管钻留下的孔芯

图82 良渚文化玉琮孔内留有对钻错位的台痕

图83 良渚文化文化玉器纹饰细部

成品上常常见不到前几道工序的加工痕迹。

镂刻是在一些玉器成品上雕刻十分精美的繁缛的纹饰。良渚文化玉器纹饰以其精美细致工整而闻名中外，其玉器纹饰线条有的细如发丝，宽仅0.1～0.2毫米，组成的个体仅比黄豆稍大。刻出的鸟眼睛，有的小如圆珠笔的滚珠，鬼斧神工，令人称绝（图83）。这

图84 丁沙地遗址出土的良渚文化雕刻工具

些纹饰即使使用铜、铁一类金属刀具也很难刻动，因为青铜和铁的硬度都小于玉。江苏句容丁沙地良渚文化遗址出土阴线雕刻工具261件，质料为燧石、黑曜石、石英、水晶等，器身较小，长宽都在3厘米以内（图84）。器表有多次打击修理的痕迹，大多有锋利的尖部或弧状的刃部，可对玉料表面进行浅阴直线或曲线的刻画。当然，这种硬碰硬的雕刻是十分费力耗时的，需要有娴熟的技艺和持久的耐力，甚至需要有相当精密的规矩角尺等原始仪器和工具。

抛光是将玉器表面磨亮，达到闪闪发光、光可鉴人的效果。原始玉器几乎每一件都要经过抛光，抛光可用光滑的竹片或兽皮，而用兽皮的机会多一些。兽皮上有动物性脂肪，呈弱酸性，用兽皮在玉器上来回摩擦直至光滑。竹子茎竿亦含呈弱酸性的"竹沥"，也可以用于玉器的摩擦抛光。

殷商时期，青铜冶铸业非常发达，金属工具的使用，使工匠们能够充分地发挥自己的聪明才智去雕琢玉器。因此商代的玉器工艺，无论是研磨、切削、勾线、浮雕、钻孔、抛光，还是玉料运用和创作造型，都达到了相当高的水平。商代琢玉技术的进步，首先表现在砣机的使用上。砣机又称砣子、砣具，是一种圆形工具。它可以装在木制车床上，用脚踏的方式带动旋转，是一种半机械化的琢玉设备，可以用来雕刻玉器表面的花纹和切割玉料。直到近代它仍是琢玉业中最主要

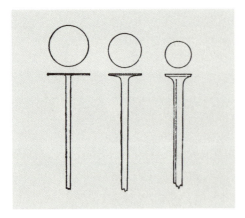

图 85 商代的琢玉砣子

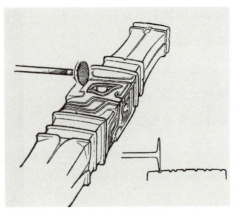

图 86 琢制玉器时砣子的使用方式

的工具（图 85）。

从商代玉器表面的一些花纹的纹路来看，无论是直线还是曲线，都琢制得流畅、舒展。虽然用较薄的青铜片，蘸着研磨砂在玉料上长时间地来回摩擦，可以琢出线纹，但这种办法对于一些直线花纹能起作用，而对于弯曲的兽面纹，特别是线条弯曲度较大的地方，如鼻翼、眼睛等处，根本没有可容来回摩擦的余地，所以这种线条的产生，只能是使用圆形工具在同一个点进行研磨，不需要来回摩擦的余地。还有一个值得注意的情况，在商代一些玉器阴刻花纹线条的两端，深度多半越来越浅，宽度越来越窄，形成了一定的波面弧形，这也是使用旋转的圆形工具琢制时留下的痕迹。因为转动着的圆形工具，在琢制线端时，不可能琢出深度一致的垂直角来，所以必然会造成这样一种弧形痕迹。

从上述情况来判断，商代已经出现利用轮子带动蘸着研磨砂的圆形工具来对玉料进行琢制这种工具了（图 86）。当然，那时安装砣子的车床是非常简单的，由于桌、椅尚未出现，所以人们使用砣具时是席地而坐的。砣机的出现是中国古代琢玉史上的一次革命，具有非常重要的意义。它的产生，首先使玉工可以随心所欲地按照自己的意图去加工玉料，制出造型不同，花纹各异的作品来，使玉器种类更加丰富，用途更加广泛；其次，使琢玉的速度大大加快，从而提高制玉的效率，使产品大量增加。从商代直到汉代，古玉的数量逐渐增加，这同砣具的使用有直接的关系。

玉德至美

我们的祖先不但在远古时期就开始制造和使用玉器，而且很早就有对玉本身内涵的一些理性认识，随着时代的发展，又不断赋予玉器以新的解释和含义。

我国最古老的文字是甲骨文和钟鼎文，这两种古文字中均有"玉"字（图87）。汉代学者许慎在《说文解字》中，将"玉"解释为"象三玉之连其贯也"。就是说"玉"是一个象形字，最初的意思是把三块横玉用一条玉贯连起来。许慎认为玉的特性是"石之美"，即外表美观，色泽纯正的岩石。他还说"凡玉之属皆从玉"，就是说凡是用"美石"制成的东西，器物名都有"玉字旁"。《说文解字》中收录了140个带"玉"旁的字，代表的字义很繁杂，有玉名、玉色、玉声以及治玉，还有"石之似玉"者。

古往今来，"玉"字在人们心目中都是一个美好而高尚的字眼。人们用玉字组成不计其数的词，来表达自己所喜爱的事物，例如玉貌、玉体、玉女、玉容等等，并把为正义而死形容为"宁为玉碎，不为瓦全"。崇玉之风炽盛，可见一斑。那么，古人在玉的自然属性之外如何增添观念形态方面的属性呢？古人辨玉，首德而次符。德是质量，符是颜色，即质量是首要的，颜色是次要的，至今这仍是评价软玉的两个基本标志。

玉的外观颜色一望便可知，但其内质的评价标准是什么呢？古人有很多评价标准，如《礼记》为十一德，《管子》为九德，《荀子》为七德。汉代许慎将先秦对玉自然属性的观察和演绎加以概括和充实，提出玉有五德之说。这五德是"润泽以温，仁之方也；鰓理自外，可以知中，义之方也；其声舒扬，专以远闻，智之方也；不挠而折，勇之方也；锐廉而不忮，洁之方也"。可见五德不仅包括了玉的质、色、声、雕等内涵，而且把它们同人的品质结合起来。"君子比德于玉""君子无故，玉不去身"等比喻，都是古人将玉人格化，并赋予它美和德两重性格的结果（图88）。

图 87 甲骨文和金文中的"玉"字

图88 汉代南越王墓出土的精美组玉佩是"君子无故，玉不去身"的写照

图89 与"和氏璧"同时的春秋玉璧

春秋战国时期，出现了"百家争鸣"的局面，各个学派从不同的立场观点出发，对玉器的功能价值提出了各自的看法。墨家的代表人物是墨子，他反对掠夺战争，主张节约，把是否有利于解决人们的温饱作为衡量价值的标准，因而对玉器持全面否定的态度。他指出："和氏之璧，随侯之珠，三棘六异，此诸侯之所谓良宝也，可以富国家，众人民，治刑政，安社稷乎？曰不可。"他认为"和氏之璧"等天下公认的宝物，既不能使国家富裕，也不能使人丁兴旺，对社会安定起不了作用，所以不是什么宝物，只是少数统治者的奢侈品而已（图89）。

韩非子是法家的代表人物，他主张建立君主集权制，提倡以法治天下。他对玉器的态度表现出浓厚的实用主义色彩，认为玉器的价值在于它的实用性，如果一件装饰华丽的玉器不能使用，它就没有任何价值。他以玉卮和陶器为例来阐述他对两者价值，说玉卮如果没有底连水都不能盛，而陶器不漏却可盛酒，陶器虽贱但可实用，玉卮虽

值千金却无用，因此陶器比玉厄强
（图 90）。

孔子是儒家的创始人，在他
的论述中也多次提到了对玉器的看
法。孔子对玉器采取较为实际的态
度，对它的内质、外观及价值不轻
加否定。孔子认为玉材的价值并不
大，玉器的价值在于它的制成品。
例如有一次子贡问孔子，我这里有
块美丽的玉材，是藏在柜里呢，还
是把它卖给识货的商人？孔子回答
得很干脆，把它卖掉吧！可见孔子
对玉材的态度是很随便的。但是孔
子对一些用玉制成的器物却很重
视，《论语》描述了孔子执玉圭时，
弯着腰，十分谨慎，一副小心翼翼
的样子（图 91）。

图 90 价值千金的玉厄

孔子所处的时代，正是用玉
制度形成的时代，孔子非常重视礼
制，对于玉制礼器也极为推崇。不
仅如此，孔子认为玉帛等器物还不
足以表现礼的全部内容，玉器的内
在美也是很重要的，他强调玉器的

图 91 孔子生活时代的玉器已臻完美

表现形式要与内容相统一。由于儒家思想被后世封建统治者奉为统治的主导思想，
因此孔子论玉对后世玉器体系的理念化影响也最大。

在中国玉文化发展过程中，由于儒家思想的介入，玉器从主要为原始宗教活
动的"法器"、祭祀鬼神的原始礼器，发展为贵族阶层用以表示身份、地位的佩
饰，这在玉器发展史上是很大的进步（图 92）。贵族阶层佩带成组玉饰的习俗在

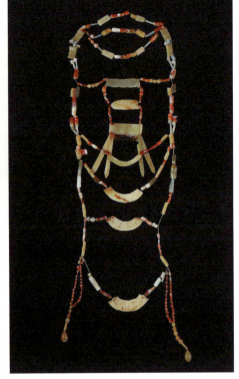

图 92　商代的玉神像　　　　　　　　　　　图 93　西周贵族佩带的成组玉饰

西周时期就已盛行，儒家学派将这种佩玉习俗在理论上给予肯定，提倡以玉比德，使佩玉制度化（图 93）；因而玉从主要为"神"服务转变为主要为"人"服务。这个转变过程，与孔子"不语怪、力、乱、神""敬鬼神而远之"以及"未能事人，焉能事鬼"等含有唯物论因素的中庸思想有一定的因果关系。儒家学派继承并发扬了古人爱玉、崇玉的传统，选择"玉"作为其政治思想和道德观念的载体，提倡"君子比德于玉"，将玉道德化、人格化，大大加强了玉的文化含量，使玉文化在中国传统文化中占有重要的地位（图 94）。

　　对于今天研究古玉的人来说，除了要了解古人的用玉思想，还要有一定的鉴定古玉的知识。玉器的鉴定是指鉴别作品的质地、年代、真伪及其价值。鉴定的方法有两种：一是目验观察的传统鉴定手段，二是以科学仪器进行检测、化验、分析的鉴定方法。

　　古玉爱好者在鉴赏古玉时，除了要把握各时代玉器的造型、纹饰、雕琢技艺风格外，辨识古玉的沁色是十分重要的。所谓沁色，就是玉器长年埋于土中，受到土壤温度、湿度、压力影响，以及各种矿物质的侵蚀，玉质的色泽产生化学变化，出土时玉表面留有斑驳土蚀的岁月刻痕，不易辨出玉质原色。

玉器受沁首先与埋藏时间的长短有关，清代陈性在《玉纪》中说："凡玉在土中，五百年体松受沁，千年质似石膏，两千年形如枯骨，三千年烂为石灰，六千年不出世则烂为泥矣。"陈性还指出了玉色的变化，总结出古玉"十三彩"。这个"十三彩"是：珀黄沁（黄色）、珀青（蓝色）、孩儿面（桃红色）、水银沁（黑色）、枣皮红（也称血沁）、鹦哥绿（铜绿色）、朱砂红、鸡血红、丽金红、棕毛紫、松香沁、秋葵黄和鸡骨白（白中浅黄）。

受沁现象还与土质有关，清代刘大同在《古玉辨》中把出土玉器分为陕甘、江北和江南三部分。陕甘处于黄河中游地区，由于土地干燥，玉器土沁较重，玉器保存较好（图95）；长江以北地区，土干而不燥，玉器上多有斑点之痕；长江以南地区，由于地性酸湿，玉器

图 94　"君子比德于玉"——温润典雅的战国玉佩

图 95　西北地区齐家文化带土沁的玉琮

图 96　南方良渚文化"鸡骨白"沁玉斧

水沁较重，故多易腐烂（图96）。

随着出土的古玉不断增多，学者们越来越重视各种玉器的质料，因为这不仅可以确定古玉原料的产地，而且能了解古人在不同玉料的使用上是否存在着差别。对于古玉料的鉴定，传统的古玉学家们往往用目验的方法，通过观察玉器表面的颜色、光泽和外观组织来确定玉质，这种方法有很大局限性。由于古玉表面曾经抛光，又经次生变化受沁，有时可变得面目全非，故不能准确地确定玉器的矿物结构成分。

20世纪70年代以来，科学仪器和技术鉴定的方法引入了古玉鉴定领域，如偏光显微镜、化学分析、光谱分析、油浸法、X光照相分析等。河北满城西汉中山王墓和河南安阳殷墟妇好墓出土的玉器以及江浙一带新石器时代的良渚文化玉器，就是用科学方法鉴定的。这些方法比较准确地确定了一些玉器的矿物成分。研究古玉的显微结构，需要有高精度的仪器才能进行，因为普通光学显微镜仅能放大数百倍，而质量较好的软玉均需放大1000倍以上才能较清晰地观察其显微结构。

近年来，又有学者采用了具有世界水平的对透闪石玉器的鉴定方法——室温红外吸收光谱、扫描电子显微镜和拉曼光谱仪。室温红外吸收光谱利用分子振动模式与频率特征，有对矿物的分辨能力较强和用量较小的特点，其标准样量为1毫克，就可计算铁和镁的占位率以区分透闪石与阳起石。扫描电子显微镜一般只需几个粉末颗粒即可制样观察其结构，只要粉末颗粒显著大于显微结构的基本组成单位即可。这两种方法的另一优点是样品用量极少，共需约1毫克，若在古玉原有伤残或不起眼处小心取样，可达到近似无损分析的效

图97 专家正用拉曼光谱仪检测玉料

果。陕西沣西西周墓、广州西汉南越王墓和辽河流域新石器时代的部分玉器就是用这种方法鉴定的，利用这两种方法还纠正了原来鉴定结论中的一些错误之处。拉曼光谱仪则可对玉器进行无损分析，测定器物的质料（图 97）。

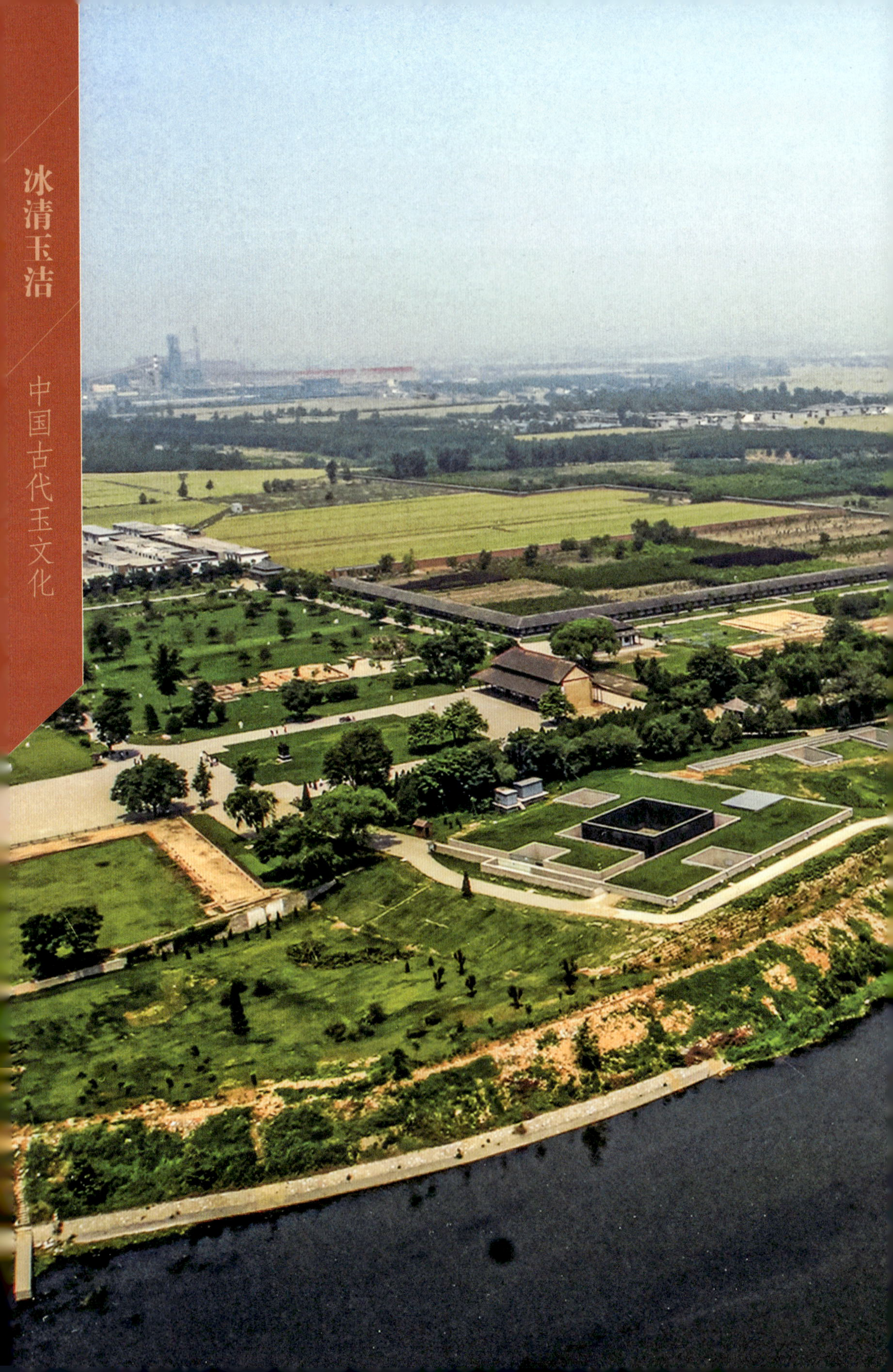

源远流长玉生辉（史前时代至商、西周玉器）

鳞虫之长

　　龙，是中国古代人们心目中的神，中国是龙的国度，中华民族是龙的传人，龙的形象实际是古人综合了许多动物的特征想象而成的一种神物。东汉时期，许慎在《说文解字》一书中描绘龙是"鳞虫之长，能幽能明，能细能巨，春分而登天，秋分而潜渊"。可见，那时人们认为龙身有鳞，颜色、粗细和长短变化不一，而且能够在不同的季节上天入水。最早的龙是什么样子呢？在陕西宝鸡北首岭距今6000余年的仰韶文化墓地中，出土有一件彩陶壶，在它的肩部用黑彩在红地上绘出一只水鸟啄一条大鱼的尾巴，形象十分生动（图98）。鱼头呈方形，鳃很大，有鳞纹；水鸟为圆眼，彩羽，有冠绶。有的学者认为鱼的外形近似于后来的蟠龙，而水鸟似凤，这应是最早的龙凤纹。在河南濮阳西水坡遗址的仰韶文化墓葬中，还发现了用随葬蚌壳摆的龙、虎造型（图99）。龙长1.8米左右，张牙舞爪，似在云中行进，形象与后世的龙比较接近。

　　在出土文物中，形象最为生动逼真的龙是玉龙，玉龙在我国北方红山文化遗物中发现较多。红山文化分布于内蒙古东南部、辽宁西部、河北北部地区，时代为新石器时代中期。玉器出土地点除集中于老哈河、大凌河流域外，西拉木伦河

图98 宝鸡北首岭彩陶壶上的水鸟啄鱼图案

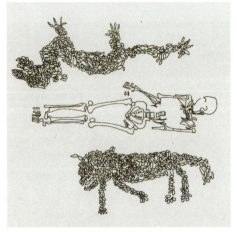

图99 濮阳西水坡遗址的仰韶文化墓葬中用蚌壳摆的龙、虎造型

图 100 辽宁建平牛河梁红山文化积石冢

以北的林西县、巴林右旗、阿鲁科尔沁旗等地区也甚多见。在内蒙古翁牛特旗三星他拉，辽宁阜新市胡头沟、凌源市三官甸子、建平县牛河梁、喀左县东山嘴的遗址和墓葬中，曾先后发掘和采集了大批玉器（图 100）。

红山文化玉器大多通体磨光，采用圆雕、浮雕、透雕、钻孔、线刻等技法制成，琢治技术日臻成熟。玉器风格质朴而豪放，突出特点是对各种动物形象特殊的艺术概括，讲求神似和准确的对称感。多数玉饰边缘磨成似刃的锐角，在玉面上细加研磨表现出的浅凹槽纹路，或隐或现，富于变化，具有特殊的装饰美感。

红山文化玉器处于原始玉雕的成熟阶段，它源于这一地区新石器时代较早阶段兴隆洼文化的玉雕业。红山文化玉器中的勾云形玉饰（图 101）、猪龙形玉饰等与河南安阳殷墟商代妇好墓玉器中的同类器形相似，这说明红山文化玉器与商代文化玉器有一定的渊源关系。红山文化某些玉器造型可能具有图腾崇拜的宗教意义，红山文化所分布的地区从新石器时代早期开始，一些大型墓葬就随葬猪骨。这种风俗一方面可能把猪作为财富的象征，另一方面可能将猪作为图腾崇拜的动物，因此红山文化玉器中有大量的猪龙形象的玉饰并不是偶然的，它很可能是红山文化先民们崇拜祭祀的对象。

红山文化的玉龙中，尤以内蒙古三星他拉出土的玉龙刻画得最为栩栩如生（图102）。这件玉龙为墨绿色，高26厘米，身体呈"C"字形，吻部前伸，嘴紧闭，有对称的双鼻孔，双眼突起呈梭形，眼尾细长上翘，额上及颚底均刻细密的方格网状纹。龙须及脊背上雕刻有长鬃，长21厘米，占龙体三分之一以上。龙背钻有一个圆孔，经试验，以绳系孔悬挂，龙的头尾恰好处于同一水平线上。这件大型玉龙，是用一整块玉料圆雕而成，细部运用平雕，浅浮雕手法表现，通体琢磨光滑圆润，龙体屈伸刚劲有力，长鬃高扬飘举，显得极有生气。而玉猪龙则是最常

图 101 红山文化勾云形玉佩

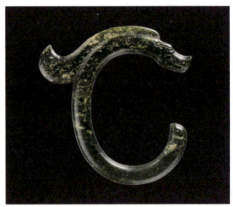

图 102 三星他拉出土的 C 形玉龙是最大、最生动的龙的形象

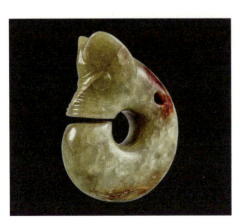

图 103 红山文化玉猪龙

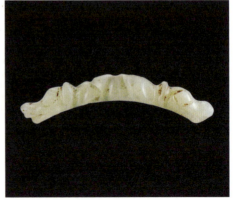

图 104 红山文化双龙首玉璜

见的龙形玉器（图103）。它的身体作环体，首部似龙又似猪，有宽厚的双耳和肥硕的躯体，吻上和眼周围还有表现颜面皮皱的多道线纹，有的玉猪龙还有露在嘴外的獠牙。有的学者指出这种形象主要来源于猪首，是高度概括化、图案化了的猪首形象，三星他拉出土的那件大型玉龙也是从玉猪龙演变来的。

一般观点认为，龙是以鱼或蛇再点缀其他一些动物特征组合而成的。现今我们所见的龙有着兽类的四脚、鸟的毛、鬣兽的尾、鹿的角、狗的爪、鱼的鳞和须。红山文化玉龙无足、无爪、无角、无鳞、无鳍，代表了早期龙的形象（图104）。

问题在于，它的头部为什么会具有猪首的特点？在我国史书中，有"云从龙""飞龙在天"等记载，说明龙与自然界的云、天、水有密切联系。古代将龙作为神灵崇拜，反映了龙与农事、天象、祈雨活动的关系。在远古时期，原始畜牧业中猪的饲养是很重要的。古人除了把猪作为食物外，还视它为"水畜"，在祈天、求雨、防洪涝等祭祀活动中，选择它作为祭品。红山文化的遗址和墓葬中，曾出土大量的猪骨，还有陶制的猪模型，所有这些信仰观念反映到玉器造型中，出现猪龙合一的形象就不足为奇了。

还有的学者提出另一种观点，认为玉猪龙是作为"地母"的象征而出现的。龙体的形状源于蛇身，而蛇的活动与季节的循环是相符合的，在春天万物萌生时，蛇就开始活动，到秋季植物凋落时，蛇便入地而居，正所谓"春分而登天，秋分而潜渊"。因此古人以蛇象征土地和繁殖力是自然的事。今天的瑶族人民就认为泥土山是龙肉，石山为龙骨，小山的起伏是龙的鳞骨，山崩树倒则是龙翻身，滔滔河水是龙水，由此可以推测红山文化玉龙很可能是土地的象征，加上当时有发达的养猪业，龙首便具备了猪首的形象。

玉器是红山文化遗物中最为精致的制品，不同种类的玉器所代表的"礼"的内容也不同。玉龙并不是一种日常生活用器，而是具有特殊宗教意义的礼玉。红山文化分布于我国北方的辽河流域，从目前已有的十几件玉猪龙来看，除个别的线条增减外，从总的形象到细部处理，竟然惊人的一致，说明这种玉器不是随意制作的，而是有严格的设计，遵守一定的规则，受到一定的观念形态的制约。红山文化的人们很可能将玉龙挂在身上，并且不时用手捧起进行膜拜。玉龙在墓内往往放置于死者胸前，我们不难想象当时人们捧龙而祭的恭敬和虔

图 105 玉猪龙出土在人体胸前

图 106 勾云形玉佩也出土在人体胸前

诚的样子（图 105、106）。

红山文化的玉龙形象，还使我们联想到一些古史传说。远古时期，龙作为氏族的祖先和保护神（即图腾）而存在，许多著名人物都与龙有关系。例如，开天辟地的盘古就被描绘成"龙首蛇身，嘘为风雨，吹为雷电，开目为昼，闭目为夜"的形象；神农氏的妃子受孕于神龙而生的炎帝、黄帝都是龙的后裔。人、神都可以乘龙上天或巡游太空，连屈原在自己幻想超脱尘世的"驾青虬兮骖白螭，吾与重华兮瑶之圃"的词句中，也是欲借助于飞龙驭载而升天。因此，古代对龙的崇拜是随着社会的不断进步而深化的，可以说，龙的孕育和出现，意味着中国远古文明的黎明期已经到来。

在古代传说中，龙的种类也很多，例如有鳞的称为蛟龙，有双翼的称为应龙，有角的称为虬龙，无角的称为螭龙，还有烛龙、苍龙、蟠龙等等。从出土的商代玉龙中，就可以看出古人所塑造的不同的龙形。

商代玉龙雕琢中常见的是被称作"蟠龙"的龙形玉佩，它细致、生动，线条清晰流畅，较为精美（图 107）。

商代玉龙龙体大多作盘曲状，头尾衔接，眼珠外凸，有钝角、有爪或无爪，遍体装饰鳞纹和卷云纹。龙的头部刻画往往以夸张手法表现，这一点与红山文化玉猪龙有异曲同工之妙。除玉蟠龙外，龙的形象也常用于龙形玦、双龙首玉璜等玉器的装饰上（图 108）。

商代不仅玉雕龙形佩很多，而且铜器上也常见各种龙纹，甲骨文中也有一些龙字，犹如带角的长虫，非常形象，这一切说明龙在当时的社会经济、文化艺术和日常生活中占有特殊的地位。

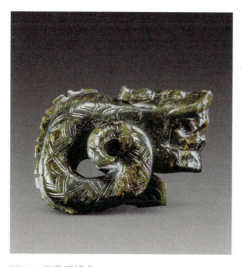

图 107 商代玉蟠龙

图 108 商代龙形玦

神秘巫酉

　　良渚文化是我国长江下游一支发达的新石器时代晚期文化，以制作精美的玉器而闻名于世。玉器出土地点集中在太湖地区，南以钱塘江为界，西北至江苏常州一带。重要地点有江苏武进寺墩遗址、吴中张陵山和草鞋山遗址，上海青浦福泉山墓地，浙江余杭反山墓地和瑶山祭祀坛遗址（图 109）。良渚文化几乎每个遗址、每个墓地都出土有玉器，而且数量众多，种类繁杂，其中最令古玉研究者感兴趣的就是三叉形冠饰、玉戚、玉璧和玉琮。

　　三叉形冠饰的下端呈圆弧，上端分为三叉，正面微弧凸，背面三叉的上端和下端下中部均有凸块，凸块上皆有上下贯通的小圆孔（图 110）。正面正中用阴线细刻兽面纹及蹲踞的下肢，兽面上方刻冠顶外缘。两边叉上端用阴线刻一对神鸟，背面四个凸块上也用阴线刻出两只圆眼和卷云纹等细密纹饰。刻纹纤细，肉眼难以辨认，这类玉器一般宽 5.9 ~ 8.5 厘米、高 3.4 ~ 5.2 厘米。出土于死者头

图 109 瑶山祭坛墓地

图 110 最早的皇冠——三叉形玉冠饰（正、背面） 图 111 紧连长玉管的三叉形玉冠饰

部附近，出土时中叉的上方紧连一根长玉管，往往还有成组的，3 ～ 13 件玉锥形器同三叉形冠饰相邻或叠压（图 111）。因此，三叉形冠饰、长玉管和呈集束状的锥形器，是配套组装成整件使用的（图 112）。据推测，三叉形冠饰应是戴在首领头上的王冠。

三叉形冠饰及其附件，与汉字中的"皇"字义形正相符合。皇的本义为冕，也就是冕的象形，上部像插嵌五彩羽毛的冠饰，下部为冠架，今天一些简化的皇冠图形也是在圆形帽上面画三支带宝珠的尖叉。古代文献曾记载说远古时有虞氏部落首领就是戴着彩羽的冠冕举行隆重祭典的。古人所想象的天神，也是戴着五彩之羽的冠冕，后来，这种有精美玉构件和彩羽合制而成的冠冕被称为"皇"，含有富丽堂皇之意。封建王朝时又进一步将最高统治者与天神结合为一体，称为"皇帝"。可见，良渚文化的玉三叉形冠饰是中国最初的皇冠。

玉戚呈风字形，两侧边略有内凹弧，左右不对称，磨制抛光精致，光洁闪亮。戚上部有一个小孔，孔径仅 0.5 厘米，小孔上方有捆扎和擦痕，有的戚刃部上角有一浅浮雕的神人与兽面复合像，下角为浅浮雕鸟纹（图113）。玉戚与玉冒、玉镦共同组成权杖，往往出土于死者身旁，是死者生前地位和权力的象征。戚，在史料中记载为武乐之器。同时，戚也是权力的象征，说明墓主生前曾担任过军事职务。良渚时代，巫术很盛行，身兼神职和军事统领于一身的部落首领，在氏族部落成员出征前后，为了得到或感谢神祖的庇护，持干戚而舞，以舞降神。

　　良渚文化的玉璧、玉琮绝大多数出于大型墓中，这些大墓往往同时还随葬大量精美的陶器、石器和其他玉器（图114）。玉璧一般制作规整，光素没有纹饰，磨制光亮（图115）。玉琮主要有两大类：一类作短筒状，外壁不很方正，俯视似

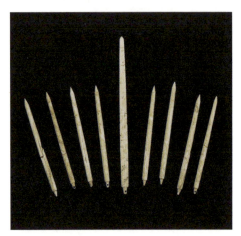

图112 呈集束状的玉锥形器

图113 玉戚以及嵌装玉戚的权杖

图114 出土玉璧、玉琮的良渚文化大墓

图 115 良渚文化玉璧

图 116 良渚文化手镯状玉琮

手镯状（图 116），一般外壁以棱为对称线，装饰比较简单的兽面纹，多以两个双重圆圈表示双眼，其间雕刻桥形凸块相连，并以长方形突起表示嘴部；另一类作长筒状，形似柱子，外方内圆，一般可分为若干节，每节都装饰兽面纹或者神人兽面纹（图 117）。最大的一件玉琮出土于浙江余杭反山良渚文化第 12 号墓中，被称为"玉琮王"（图 118 ～ 120）。它高 8.8 厘米、内孔径 4.9 厘米、重达 4.5 千克，呈浅黄和白色。琮体四面中间由约 5 厘米宽的直槽一分为二，由横槽分为四节。在四面直槽内上下各刻一个神人兽面像，共 8 个。单个图像高约 3 厘米、宽约 4 厘米，用浅浮雕和细线刻两种技法雕琢而成。这件大玉琮在制作技术上显示了极高的工艺水平，是良渚文化玉器的杰作。

玉璧、玉琮所包含的意义是什么呢？当时还未出现像后来奴隶社会和封建社会把玉器严格礼制化的情况，

图 117 长长的玉琮有沟通天地之意

图118 良渚文化"玉琮王"

图119 "玉琮王"角位

图120 "玉琮王"正面

原始先民制作这些器物，应与原始宗教、图腾崇拜、埋葬习俗及拥有者的社会地位有密切的联系。一些学者把随葬成批玉璧、玉琮的墓葬称为"玉殓葬"，认为玉璧、玉琮是用于祭祀的礼器，占有它们的墓主、人便是掌握部落祭祀天地大权一类的军事贵族。

江苏武进寺墩良渚文化3号墓的墓主是个年仅20岁左右的青年男子，却随葬了玉璧24件、玉琮32件，还有一件象征王权的玉戚（图121）。所以此人可能已被确定为军事首领的继承人，未及即位便已夭折，但仍以首领对待，这说明军事首领已经变为世袭制了。在这座墓中，玉琮围绕人骨成圈排列，玉璧置于中间，这种排列方法应与原始宗教巫术有关，意在保佑死者平安吉祥，避凶祛邪。

更多的学者认为，玉琮是中国古代宇宙观通天行为的理想的象征物，是图腾制度的产物，是纯巫术与宗教的神器，其设计与制作应是在巫术的冲动和宗教信仰的驱使下进行的。在远古先民的宇宙观中，世界被分成天地人神诸多不同的层次，宗教人物的一个重要任务就是

图 121 武进寺墩良渚文化 3 号墓

沟通这些不同的层次。

　　玉琮的外方内圆，代表了天圆地方的观念，中间的穿孔表示天地之间的沟通，从孔中穿过的棍子就是天地柱。琮上的许多动物图像表示巫师通过天地柱在动物的协助下沟通天地。

还有的学者认为玉琮是宗庙祭祀时请神明祖先的灵魂降临时的凭依之物。玉琮的中孔是用作神明祖先的灵魂驻留的小屋，祖灵既可从天而降，亦可从地而出，所以中孔自上而下贯穿。

作为祭祀的礼器，玉璧与玉琮同样重要。良渚文化玉璧、玉琮中孔的孔径差不多，在4～8厘米之间，所以推测当时巫师做法事时，可能在竖立的玉琮上方平放玉璧，用木棍贯穿圆璧和方琮的中孔，组合成一套通天地的法器。远古先民相信一套天人感应的宗教，制作与想象中神祇形象相同的礼器来祭祀神祇，以达到天与人之间意识的沟通与交流。

既然玉琮、玉璧是通天思想的寄托，那么掌握玉琮的巫师便能代表人们共同体的意志。祭祀的权限是他作为部落或部落联盟的最高代表而被赋予的，因而享有很高的社会地位（图122）。这类人中有些本身就是部落首领，例如古史传说中

图122 良渚部落首领复原像

的大禹本身就是巫师。这些兼有祭祀身份的显贵凭借特有的地位，占有财富，握有权力，拥有妻妾，杀殉奴隶，实际上已成为最早的剥削阶级——奴隶主。正因为这些政教合一的神职人员在人们观念中具有沟通天地的法力，才使得后世的国王被称为天子或太阳神的儿子，也才能使王位得以世袭。

图 123 "玉琮王"上的神人兽面纹

良渚文化的许多玉器上，都雕刻有繁简不一的神人兽面像，也有称为"神人动物面复合像"或"神徽"。我们以"玉琮王"上雕刻的神人兽面像为例，推测它究竟有什么奇特的含义（图 123）。

顾名思义，神人兽面像是由神人与兽面复合而成的。神人在兽面之上，以两个双重圆圈表示一对眼睛，外圈两侧各有一条短线，表示眼角；中部以人字纹和左右对称的卷云纹组成鼻子，有挺直的鼻梁和宽阔的鼻翼；下部扁阔的圆圈中用阴线刻一条长横线和与之垂直交错的 7 条短竖线，表示张开的嘴巴中露出上下两排 16 枚牙齿。人脸的左右和上部是头上所戴高耸宽大的羽冠，羽冠由 22 组呈放射状的羽翎组成。人脸戴上羽冠，无疑具有宗教信仰意识。

神人之下的兽面，也是以双重圆圈为眼，不过其外面有椭圆，上面刻满了平行的长弧线和短直线。连接眼睑之间的短桥形装饰表示额部，额下有由鼻梁和鼻翼组成的鼻子。鼻子下面为张开的阔嘴，嘴中以小三角表示牙齿，两侧外伸两对獠牙。上獠牙在外侧伸出下唇，下獠牙在内侧伸出上唇，有的学者指出这一兽面实为虎头，说明良渚先民信仰老虎。

神人面部之下是人的上肢，作抬臂弯肘状，手掌平伸，五指张开叉向兽头。兽面之下为兽的前肢，作抬腿、弯肘、伸爪状。人肢和兽肢上，都通饰卷云纹、横竖短直线、弧线等纹饰。因此，良渚文化神人兽面纹是带羽冠的神人正身抬臂骑在老虎身上的形象。良渚玉工采用正面表现的艺术手法，刻画了人的半身和虎的前半身，突出人脸和虎面，神人威风凛凛，老虎张牙舞爪，可谓相当生动逼真。综合多方面的考虑，一般认为神人兽面像的真正含义是：神明的巫师骑上张口嘘气、举腿伸爪的老虎，正作法疾驰，上天周游，与神仙往来，以通达天机。老虎是巫师上天通神的动物助手，而神像通体遍饰的卷云纹、直线、弧线等刻纹，则表示云朵和云层，象征着天空。神人兽面像的含义与玉琮、玉璧所表达的宗教意义是相辅相成的，在远古时代，艺术是宗教的表现形式，宗教是艺术的思想内涵，两者共存于一体。可以说，对良渚文化玉琮、玉璧及其纹饰的研究，是打开中国古代宗教和艺术之门的一把钥匙。

殷墟遗宝

在河南省北部，有一座美丽而古老的城市，它西依气势雄伟的太行山，东临辽阔富饶的华北平原，洹河水绵绵一带从它脚下向东流去，这就是豫北地区政治、经济和文化的中心——安阳市。

安阳不仅以风光秀丽著称，它那古老悠久的历史，几千年前人们在这里创造的灿烂文化更是令人瞩目。公元前 16 世纪，活动在河南、山东一带的商族，在其首领汤的率领下，打败夏朝末代统治者桀，建立了商王朝。商王朝建立初期，都城多次迁移，统治很不稳定。到了公元前 14 世纪，商王盘庚将都城迁到了殷，也就是今天的安阳市。殷有着优越的地理条件，洹水两岸水土肥美，既能灌溉，又易排水，很适宜农业的发展；从地形上看，它前有黄河天堑，后有太行山屏障，地势非常险要。迁殷以后，商朝终于确立了最理想的国都，在政治、经济各方面开始了迅速发展，达到奴隶社会的鼎盛阶段（图 124）。从盘庚迁殷到末代商王纣灭亡，共计 270 余年，国都一直在殷，所以盘庚迁殷以后的商王朝又称殷朝。商朝灭亡后，国都殷经历 3000 多年的风雨成为废都，因此人们把商都故址称为殷墟（图 125）。

殷都沦为废墟湮没数千年后，1899 年，清代学者王懿荣发现了刻在龟甲和兽

图 124 洹河畔的殷墟

图 125 商代宫殿的复原建筑

图126 20 世纪 20 年代发掘的商王大墓

图127 商王大墓原始植被标识展示现状

图128 殷墟博物苑玉器展厅

骨上的文字——甲骨文，这是殷商时代中国古老的文字，它的出土地点就在殷墟。甲骨文被发现后，在殷墟掀起了一股寻宝热潮，各方人士纷至沓来，在这里寻觅甲骨。20 世纪 20 年代，中国考古学者在这里进行了考古发掘，揭开了中国考古学的序幕（图 126、127）。

在殷墟 60 余年的发掘中，出土了大量精美的商代遗物，其中就包括不少的玉器。殷墟究竟出土过多少玉器，已难以考察。仅就中华人民共和国成立以来的考古发掘而言，据不完全统计，约有 1200 件以上，如果加上之前发掘出土的，其数量会更多（图 128）。但自古以来，殷墟一带盗掘古墓成风，致使殷墟的墓葬遭受严重的破坏。有些王室墓葬虽然规模很

图 129 1976 年妇好墓发掘现场

宏大，但很少发掘到完整玉器。然而从古书的记载来看，殷代王室贵族使用玉器是相当普遍的。商代末年，商纣王荒淫无道，引起了周围各族的反抗。周武王率领军队发动灭商战争，双方在商都郊外的牧野展开决战，在战斗中，商军士兵阵前倒戈，引导周军攻入商都。商纣王见大势已去，将浑身裹满玉，自焚而死。周武王灭商后，"俘商旧玉亿有百万"，这个数字虽然有些夸张，但其数量应当是相当可观的。

1976 年，考古学者在殷墟的考古工作中，发掘了一座中等规模的商代王室墓（图 129）。这是一座没有被盗掘的商墓，因此学术价值非常高，它一被发现就轰动了中外。根据对墓中青铜器铭文的研究，学者一致认为这是商王武丁配偶"妇好"之墓，埋葬年代约在公元前 13 世纪末期至公元前 12 世纪初。妇好墓中最引人注目的，是出土了 750 余件玉器，数量多，种类杂，雕刻精美细致，不仅丰富了商代玉器内容，而且开阔了我们的眼界（图 130）。

妇好墓的玉器，可分为礼器、仪仗、工具、用具、装饰品、艺术品以及杂器等 7 类。

图 130　妇好墓内玉器出土状况复原

妇好墓所出玉质礼器比较齐全，计有大琮、组琮、圭、璧、环、璜、玦和簋、盘等，这与妇好尊贵的等级地位有关（图 131、132）。

仪仗有戈、矛、戚、钺和大刀等，形状上仿照同类铜器，这类器物一般都没有使用的痕迹（图 133、134）。某些较大的玉戈边棱极薄，质地硬脆，有的还刻有纹饰；有的玉柄铜戈，柄长不到 1 厘米，格斗时很容易脱落；还有一件龙纹刀，雕有精致的龙纹。这些显然都不是实用的兵器，推测可能作仪仗用。一些玉戈上还书写有文字，例如有一件朱书玉戈，长约 20

厘米，戈面有用毛笔书写的 7 个朱红色大字。从内容来看，此戈大概是商王讨伐某个部落的叛乱获胜后而制作的，是一件难得的珍品，对研究我国古代书法也有

图 131　妇好墓出土的玉圭

图 132　妇好墓出土的玉簋

图 133 妇好墓出土的铜柄玉戈　图 134 妇好墓出土的玉刀

重要的价值。至于某些形体较小的玉戈，可能是一种玩赏品。

　　玉制工具包括手工业和农业工具，大部分没有使用痕迹，可能不是实用的。

　　玉刀的种类很多，包括小型刀、刮刀、梯形刀和小刻刀。小刻刀一般是利用玉制小动物（如鹦鹉、鱼、壁虎等）的尾部制成，刃部较锋利，或许是用作雕刻器。

　　用具是指日常生活中使用的物品，主要有梳、耳勺、匕、觿及研磨颜料的臼和杵等，妇好墓中的臼，是用硅质大理岩制成，表面虽粗糙，但臼窝内光滑晶莹，有朱砂痕迹，显然经过长期使用。

　　装饰器的种类复杂，数量最多，主要用作佩带装饰物和插嵌于其他物体上作观赏品。佩带装饰品有饰于头部的笄，箍戴于手腕或臂上的钏和钏形器（图 135），悬挂于颈项上的串珠以及衣服上的坠饰等。装饰品大部分雕成动物形，造型生动，雕刻精湛，体现了商代工艺美术的最高水平。

　　艺术品包括圆雕的龙、虎、怪鸟等，数量虽少，但其用途是陈设的观赏品，因此琢制细致，观赏价值很高（图 136）。杂器有韘、玉链及用途不明的器座形器、拐尺形器、匕首形器等。其中玉韘是最为珍贵的一件玉器。玉韘也叫扳指，是射箭时钩弓拉弦用的，西周至战国时期非常盛行。直到清代王公贵族中，还以佩带精美玉料制成的扳指为荣，显示其地位和身份。妇好墓中出土的这件玉韘，呈深绿色，下底平齐，上端为斜面形，中间有圆孔，正好可以套入成年人的拇指（图137）。背面有一条浅凹槽，可纳入弓弦。韘的表面刻有精美的兽面纹，玉韘上还有一对小圆孔，可以用来穿细绳系于手腕上（图138）。

　　妇好墓中出土了如此精美的玉器，我们就不能不介绍一下妇好是怎样的一个人。商王武丁有三个法定配偶，妇好是其中之一。妇好是当时重要的政治家、军事家，

图 135　妇好墓出土的玉钏

图 136　妇好墓出土的玉鸟

图 137　妇好墓出土的玉韘

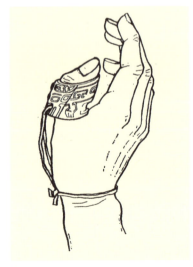

图 138　玉韘使用示意图

为巩固商王朝的统治和兴国立业立下了汗马功劳（图 139）。商王武丁在同北方的土方、鬼方，南方的虎方，东方的夷，西方的羌等部落连续三年的征战中，妇好在她的封地为支援前线而奔走穿梭，大量征集兵员，输送到前线各地，同时她还经常向商王朝纳贡，保障了商王武丁前线作战的人力、物力需要。妇好曾一次征兵 13000 人，这是目前已知甲骨文记载中征兵人数最多的一次。妇好还常常率兵出征打仗，

图 139　妇好雕像及墓上享堂

深得武丁的重视和宠爱。妇好死后，武丁在妇好的墓上精心修建了一座享堂，专用以祭祀妇好。因此可以看出妇好墓中用大量玉器随葬不是偶然的。

　　殷墟玉器如同一面镜子，映射出商代雕玉工艺的灿烂光芒，它不但对研究我国玉雕史、艺术史有重要价值，而且对研究商代的礼制有很高的参考价值。

蜀都探玉

　　四川盆地自古有"天府之国"的美称，古代蜀族就是生活在这里的原始居民。早在夏、商之际，蜀人已建立国家，历时十二世，至公元前 316 年为秦国所灭。在长达 1300 多年的历史中，古蜀人创造出了灿烂辉煌的物质文明，玉器文化十分发达。

　　在四川广汉市发现的三星堆遗址，属于商代晚期的古蜀国（图 140）。1986 年，遗址里发掘了两个祭祀坑，坑内出土玉石器 300 余件，主要为礼器和工具，还有少量的佩饰（图 141）。2021 年，又发现了 6 个祭祀坑，埋藏着大量的玉石器，目前仍在发掘清理中（图 142）。玉器种类包括璋、戈、琮、璧、环、刀、矛、凿、

图 140 三星堆博物馆

图 141 1986 年三星堆祭祀坑发掘现场

图 142 2021 年三星堆祭祀坑发掘现场

锛、锄、斧、铲、舌形器、珠、管等。其中璋的式样较多，可分为牙璋和边璋两类。牙璋中以歧锋刃形最具特色，似鸟或鱼嘴的形状，还有的在刃端透雕出鸟形，这大概与鱼凫是蜀人祖先之一的传说有关（图 143、144）。边璋的刃部为斜边形，最精致的一件边璋的两面阴线刻人物、日、月、山、牙璋、船形符号等图案，反映出商代蜀人祭祀山川、日月等自然神灵的场面（图 145）。玉石璧是三星堆玉器中最多的种类，大者 80 厘米，小者 10 余厘米，是用于祭祀天地山川的礼器（图 146）。玉石兵器有矛、戈、钺等，大多形体宽大，虽然锋刃犀利，但未见使用痕迹，看来并非实用兵器，应是礼仪用器（图 147）。玉石工具以斧、凿最多。斧的制作虽然不精致，但没有使用痕迹，可能也是作为祭祀用品而埋入祭祀坑中的。玉凿均装于铜罍中，说明玉凿是作为祭品装在罍中奉献给神灵的。

　　这两个祭祀坑是蜀国先民在进行重大祭祀活动之后留下来的。玉石器表面均有焚烧的痕迹，而且是被最先投入坑中的，这种仪式在商代被称作"燔燎"，是为祭天而设的。"燔燎"之后再将玉石器埋在地下，称"瘗地"，用来祭地。而玉石器雕刻有山形纹则是用来祭山的，称"悬庪"。这样，这两个祭祀坑就有了祭祀天、地、山的宗教意义。三星堆的玉器与中原商代玉器有着一定的共性，例如玉璋的形状应源于相当于夏代时期的河南二里头文化的牙璋和梯形玉刀，玉戈、玉璧等则与妇好墓同类器相同，这说明蜀国受到了中原礼制的影响。

  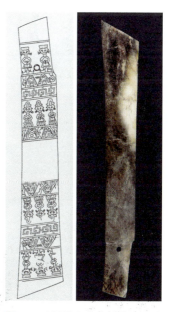

图 143 三星堆出土的歧锋刃形牙璋　　图 144 三星堆出土的鸟形刃牙璋　　图 145 三星堆出土的刻纹边璋及图案

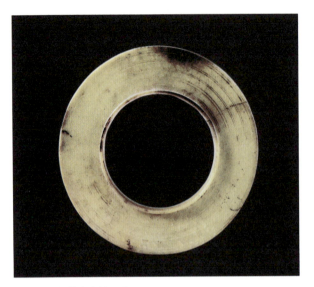

图 146 三星堆出土的玉璧

图 147 三星堆出土的玉戈

　　2001 年，在成都西郊金沙村遗址又出土了大量的青铜器和玉器，时代为商末至西周初，表明这是以成都平原为中心的古蜀国的又一都邑所在（图 148）。遗址中出土玉器 900 余件，是该遗址出土器物中数量最多、器类最丰富的一类，主要种类有琮、璧、环、璋、戈、凿、神人头像等。大部分玉璋阑部的阴线纹上都涂有朱砂。主要纹饰有平行直线纹、网格纹、菱形纹、兽面纹、蝉纹和扉棱饰等，以前三种为主，主要装饰在玉璋上，其他玉器几乎无纹饰（图 149）。纹饰以阴刻为主，此外还使用减地、镂空技法。

　　金沙村遗址出土玉器的总体风格与三星堆祭祀坑出土的基本相同，反映了它们之间的源流关系。

图 148 金沙遗址博物馆

金沙村遗址出土的玉琮最富特色。它共出土 10 件，大多数为矮方柱体，单节，器表不分节、槽，素面无纹，用料和加工都很粗糙（图 150）。但有两件较精致，其中一件十节式青玉琮，高约 22 厘米，质地温润，有 80 个转角凸面，雕有 40 个神面纹，是典型的良渚文化晚期的玉琮（图 151）。太湖流域和杭州湾平原一带的良渚文化分布区域是玉琮的发源地，金沙村遗址时代晚于良渚文化约 1000 多年，这件玉琮如何流传到成都平原的已成为历史之谜。这件玉琮的表面纹饰，有许多地方已模糊不清，显得古朴沧桑，这并不是埋藏环境侵蚀造成的，而是长期使用摩挲的结果。这说明蜀人视这件玉礼器为重宝，经常使用。蜀人还仿照良渚玉琮的样式制作很多玉琮，用料和造型与良渚玉琮都有所区别。

玉神人头像仅出土 1 件，为扁平的薄玉版雕成，高 2.3 厘米，两面对称。神人头上有从后向前卷的装饰，大眼、鹰鼻、阔嘴、露齿（图 152）。神人头像的造型见于三星堆祭祀坑出土的铜神坛，他们脚如鸟爪，腿饰眼睛纹，身着饰有火纹、太阳纹的连裳中衣，头戴饰有近似万字纹的帽子，手持树枝状物，共同承托着尊形器，帽子上都伸出一个长长的脖子，因此推测这件玉神人头像残颔下原先也有

图 149 金沙遗址出土的牙璋　　图 150 金沙遗址出土的玉琮

图 151 金沙遗址出土的良渚文
化玉琮

图 152 金沙遗址出土的玉神人头像

长颈，用作固定在人物或器物上的附件。玉神人头像是当时人们崇奉的神的形象，
所以他的眼睛才像三星堆祭祀坑的所有神像一样，突出表现眼睛中的瞳仁，耳郭
做成尖尖的形状，作龇牙咧嘴的凶相。玉神人头像在金沙村遗址的出土，反映了
金沙村遗址与三星堆遗址之间的紧密联系，对研究成都平原青铜文化的艺术风格
与特点等都具有十分重要的意义。

　　金沙村遗址还有大量玉料和玉器半成品等出土，主要包括玉料、玉磨石和已
切割成形、并经打磨抛光处理的玉器。玉磨石大多在器料上有一光滑平整的台面，
同时还留下了明显的剖裂面。玉料和玉器半成品上有的留着切割痕，有的还残存
打磨的痕迹。这类器物玉材色泽丰富，基本为中、细粒致密的中、基性斜长石，
其硬度较透闪石稍高，因此有可能用来作为细磨和抛光玉器的工具使用。玉器的
加工技术手段精湛娴熟。开料使用线切割、锯切割、板切割，有很多玉器或玉器
半成品上还保留有对剖时留下的台痕。铜器中有一种高领璧形器，出土较多，璧
面宽窄不一，边缘较薄，可能用作砣子。打孔采用实心钻、空心钻，单面钻或两
面对钻，均琢磨精细，打磨规整，器表光洁。

　　金沙村遗址出土玉器的质料，是一个值得注意的问题。大部分玉器质料是透
闪石，少量为阳起石、叶蜡石和滑石。玉器内部颜色为白、灰、浅黄褐等，器物

表面则呈现出红、紫、褐、黑等色彩，一些器物表面甚至为鲜艳的绿色（图153）。器表呈现出丰富的色彩，与玉器对外来离子的吸附有关。这是由于金沙玉器质地疏松，多孔隙，有利于玉器表面吸附和表面发生化学反应；玉器埋藏于潮湿偏酸性的土壤中长达数千年，一方面玉材自身中的活跃元素会溶失，另一方面土壤中的元素及有机物也吸附于器物表面；铜器与玉器一起

图153 金沙遗址出土的色彩斑斓的玉璧

埋藏使一些玉器表面形成鲜艳的绿色。金沙玉器材料几乎可归于同源产出的玉材。据推测，成都平原西北部的汶川县龙溪可能是透闪石玉料的产地。

生动写照

我国雕塑人像具有悠久的历史，早在距今7000多年的黄河流域和长江流域的一些史前遗址中就发现有陶塑人像。史前时代雕塑人像的质料有陶、骨、石、玉等，如最早石雕人像出土于距今8000年的内蒙古敖汉旗的兴隆沟遗址中（图154）。玉质人像发现比较少，迄今不足10件。这些玉质人像以平面雕刻技法制成，多数为人头像，以透雕手法表现其轮廓，以阴刻技法表现其细部。玉雕人像是原始生活的写照，也是社会意识形态及风俗在艺术领域的折射，同时也反映了史前人浓厚的宗教意识。

最早的玉雕人像是在重庆巫山县大溪文化遗址中发现的，其年代距今已在五六千年。这件人面形玉佩呈棕褐色，高6厘米，为椭圆形。玉佩正面雕出人面形象，作正视状，双目作圆圈形，直鼻梁，无耳，顶端有两个椭圆形穿孔，便于系挂（图155）。这件玉佩表面磨制光滑，雕琢较精，大溪文化玉器中仅此一件，比较珍贵。

图 154　兴隆洼文化石人面

图 155　大溪文化遗址中出土的玉雕人像

所刻画的人面近似于猴脸，三峡两岸茂林中自古以来多猿猴，唐代李白在《早发白帝城》一诗中，就有"两岸猿声啼不住，轻舟已过万重山"的描述，因此这件人（猴）面形玉佩亦可看作是三峡先民对常见动物猿猴所进行的生动描绘，也许远古居民将猿猴作为崇拜的动物神灵而把它神人化，刻在玉石上做永久的保存。

属于陕北石峁文化（距今 4000 年）的一件侧面人头玉雕像也比较富有特色（图156）。雕像玉质呈白色，高 4.5 厘米，局部有褐色浸斑。双面雕刻，头像作侧视，头束椭圆形高髻，团脸，鹰钩形鼻，嘴半张，阴线刻出橄榄形大眼，脑后有外凸的耳部，细颈，脸颊上钻一个圆孔，可供穿系。这件玉雕手法古拙，各部位比例虽失当，但形象传神，表现出健美与憨厚的神情。

我国史前时代的几件人体全身玉雕像，是在安徽含山县凌家滩原始文化墓地发现的。玉人作站立状，高 8.1～9.9 厘米，呈灰白色（图157）。玉人的面部雕刻很细致，方脸长眼，粗眉，蒜头鼻，阔嘴，上唇较短，头戴圆冠，冠上的两排方格纹可能与冠饰有关。两臂弯曲，十指张开置于胸前，腕部饰有臂环，腰部饰一周斜线纹，似表示腰带。赤双足，左右脚均刻五趾。这些玉人人体比例匀称，造型优美，展现了江淮地区原始先民的面貌和风采，具有较高的欣赏价值。

除单体人像外，远古时代的先民们还雕刻出一些双体人像，用以表现重大的活动场面。台湾卑南文化遗址中出土有一些连体双人玉佩，这些玉佩玉质均为墨绿色，透雕出双手叉腰而立的两人。形象均为平肩，细腰，双腿略分，脚下有踏板，膝部有一横道。两人头顶一只侧卧的兽，尖耳张口，躬身翘尾，眼睛以未穿透的圆坑表示。这些连体双人玉佩磨制平滑，雕琢较精，所表现的可能是祭祀场面（图 158）。

商周时期的人体玉雕种类和造型，比原始时代要丰富得多，除少数为扁平侧身像外，其余均为圆雕头像和圆雕全身像，基本造型也都是圆柱体。商周时期是中国奴隶社会的繁荣时期，社会中存在着以"礼"为主的等级制度，"衣服有制，宫室有度"。人们必须按照严格的等级规定来穿着装饰，只有这样，才能不失身份，符合礼仪。因此，商周时期人物玉雕对研究当时的社会制度、服饰演变及宗教信仰等方面有着极为重要的意义。

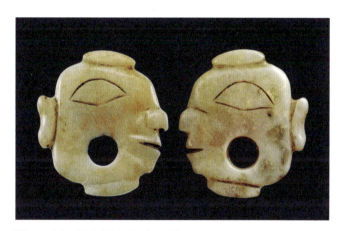

图 156 陕北石峁文化侧面人头玉雕像（两面）

商代人物玉雕主要出土于河南安阳殷墟妇好墓中，共有 10 余件，这些玉人多数雕成跪坐、蹲踞或双手扶膝状，并根据身份，有不同的衣、冠和发式，而且着力描绘面部。玉人面部特征都是高颧骨、大眼睛，具有比较明显的

图 157 凌家滩遗址出土的玉人

图 158 卑南文化遗址出土的连体双人玉佩

蒙古人种的共同特点。它们发式则以短发为主，即自头顶向四周下垂剪齐，这或许是当时普遍流行的一种发式。人物造型有跪坐、站立和侧身三种，另外还有玉人头。

　　跪坐人像雕刻比较精致，以"腰插宽柄器玉人"最为生动（图 159）。这件玉人高 7 厘米，作跪姿，即当时通行的坐姿，双手扶膝，长脸尖额，弯月形细长眉。"臣"字形双目目视前方，凸鼻宽平，小嘴闭口，头梳一条长辫，盘于头顶上，辫梢与辫根相接。头上有用以束发的圆箍形"发卡"，额前有卷筒状饰。玉人身着长衣，交领于胸前，腰束宽带，衣上遍饰云纹。腹前悬一块长条形织物（称"蔽体"），脚着鞋。腰的左侧插一支宽柄器，像是佩带着一种刀剑之类的武器，因被夸张而显得十分威武。这种类似武器的东西，也起了很好的装饰作用，观赏把玩时，可以手握柄部，取放自如。这件跪坐玉人身体比例较为适当，刻画入微，神态生动，似在凝神沉思，又像是在倨傲正坐。这件作品既是专供欣赏的文玩，又是件装饰品。其形象可能即是商王武丁配偶妇好的形象，也有可能是妇好的奴隶或臣仆。

　　站立形人雕中以裸体玉人最为奇特（图 160）。裸体玉人高 12.5 厘米，青灰色，呈裸体站姿，一面为男性，椭圆脸，双目微突，大耳外张，长眉扁鼻阔嘴，头上梳两根上翘的角状发髻，双肩略耸，两手置于胯间，显现男性生殖器，膝部略内屈，以不同线条表示肌肉；另一面为女性，形象与男性近似，双手置腹部，显现女阴。

图 159 商代腰插宽柄器玉人

图 160 商代裸体玉人（两面）

图 161　商代侧身玉人

图 162　新干商墓出土的侧身玉人套环

玉人脚下有伸出的短榫作插嵌之用，是专门用于奴隶主贵族赏玩的艺术品。

　　中国史前时代即有陶制的男、女裸体形象及陶祖（男性生殖器形象），其寓意在于对生殖的崇拜。这件男、女两面裸体玉人性具明显，均作显示其性具状，它反映的应是一种求合之相，是商代先民对子孙繁衍的祈望，艺术地再现了他们的生殖崇拜观念。侧身玉人在商代发现较多，可能是一种比较流行的雕刻形式。妇好墓中的一件侧身玉人，高 11.5 厘米，作侧身蹲坐状，头微昂起，目字形大眼，耳高耸，口微张，头上戴冠。手臂卷曲在胸前，膝上抬，姿态不自然，反映的可能是妇好的奴隶或臣仆（图 161）。这件玉人写实性较强，表明商代玉匠师对人体的观察已十分细致，能善于把握人体的主要特征。

　　江西新干县大洋洲商墓中出土的一件侧身玉人套环非常精致，是一件不可多得的艺术珍品（图 162）。这件玉人高 9 厘米，造型上与妇好墓中的侧身玉人相似。它的头顶后部采用掏雕的技法制出三个相连的链环，极为精巧，代表了当时玉雕工艺的最高水平。在玉人的肋下雕刻有羽翼，其腿部也有羽毛。有的学者推测，它实际上是一个"羽人"的形象。我国古代有关神仙思想的起源很早，其中有表现人修行成仙后长出羽翼，飞到天上成为仙人的形象，这种有羽翼的仙人便是"羽人"。这种纹饰到了先秦和汉代大量流行，成为当时铜器、陶器以及壁画上最常见的纹饰之一。

西周时期的玉雕人物，虽然数量上不及商代多，但更加细致入微。例如山西曲沃县曲村晋侯墓中出土的一件正面玉立人，雕刻相当细致，尤以发式和衣型为精（图 163）。头顶发式卷起成穿孔以系绳，头周围蓬松如披发。玉人浓眉大眼，阔鼻，身穿高领衣，领下右侧开短衽，束腰，衣裳下摆为梯形，前面有垂叶形装饰图案。衣领、腰和衣下摆的边缘刻有交叉斜格纹饰。这件玉人亦是目前所见商周时期玉人雕刻艺术水平最高的一件。

综上所述，我们可以看出从原始时代至商周时期的玉雕人物造型与图形，既充满着神秘而浑厚的宗教色彩，又散发着浓郁的生活气息，写实性较强。但由于用于雕琢的玉材较小，不易表现人体动感，所以玉雕人物不似其他质地的雕塑品那样浑厚而有气势，然而它华丽的玉质感以及小巧玲珑、精工细琢所反映的外在美，使人爱不释手，玩味良久。

在殷墟妇好墓和其他一些遗址所出土的玉器中，造型生动优美、数量最多的玉器莫过于各种动物形象的玉雕。这些玉雕既有平雕的，也有圆雕的，琢刻精致，题材新颖多样，写实性强，姿态活泼，具有很高的欣赏价值。在一些玉雕上，往往钻有小孔，可供佩带，是随身的装饰品；另一些玉雕的下部有较大的孔眼和长方形凹槽，可供插嵌；还有一些玉雕既可佩带，又可镶嵌，是经过精心设计的。这些小巧玲珑的玉雕动物，为我们了解殷商艺术打开了一扇窗口。

由于动物形玉雕主要用于佩带和观赏，具有装饰功能，所以它在构思上脱离了当时礼制性玉器思想意识的束缚，成为玉工们摆脱神秘的艺术色彩，抒发对自然美好形象向往感情的一块小天地。玉工们在日常细心观察自然界飞禽走兽的各种神态的基础上，充分发挥自己的想象力和高超的琢制技术，雕刻出一件件活灵活现、栩栩如生的禽兽，向我们展现出一派生机勃勃的自然景象。从各种动物的造型来看，写实的玉雕可分为四类：第一类是猛兽家畜类，第二类是飞禽类，第三类是水禽类，第四类为昆虫类。神话鸟兽有龙、凤、怪鸟、怪兽等。

猛兽家畜类大部分为圆雕作品，玉工在准确抓住各种动物特征的同时，进行了大胆的夸张和渲染。例如，玉虎的头部硕大，呈方形，巨口利齿，身体往往琢成长方体形，用长的线条表示虎斑纹（图 164）。玉虎的神态通过足的刻画反映出来，疾奔者威武凶猛，势不可挡；匍匐者虎视眈眈，大有一触即发之势。另外，

图 163 晋侯墓出土的玉人

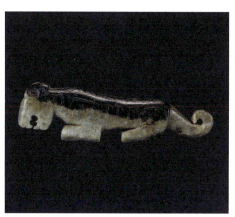

图 164 商代玉虎

图 165 商代玉象

图 166 商代玉熊

扬鼻嬉戏的雕象、抱膝蹲坐的小熊、回首凝视的卧牛等，也都显示出匠心独运的构思和设计（图 165、166）。

飞禽类玉雕的数量是最多的，而且种类相当繁杂，有展翅飞翔的鹰、曲颈而思的鹅、短尾矫健的燕等等。为什么飞禽种类和数量如此之多呢？这可能与商代先民的宗教思想有关。商是兴起于黄河中游的一个古老的原始部落，传说商的祖先名叫契，契的母亲简狄是另一支部落有娀氏之女，吞食了玄鸟蛋后怀孕，生下了契。《诗经·商颂·玄鸟》中有"天命玄鸟，降而生商"的诗句，就是传颂这个故事的。这个故事反映了商族把"玄鸟"当作自己氏族崇拜的生灵，商代先民塑造出了许多鸟类动物形象来表达对它们的崇敬之情。这或许是鸟类玉雕大量出现的原因吧。

　　飞禽类动物玉雕绝大多数采用了正侧面剪影的手法，即抓住所要描绘对象的主要特征，用熟练而准确的外轮廓线，勾勒出生动的艺术形象来。例如扁平的玉鹤，作者敏锐地抓住了它们伫立憩息的典型姿态，颈部弯曲下垂，好似刚刚涉出水面正在梳理身上的羽毛（图 167）。如果把两只鹤合拍在一起，加以灯光的渲染，顿感生趣盎然，具有强烈的艺术感染力。玉鹦鹉的数量较多，超过 20 件，造型上是突出这种鸟的高冠、长尾和钩喙鲜明的形象特征。数量虽多，但富于变化，无一雷同者（图 168）。有的玉鹦鹉长尾的端面被磨成锐利的斜刃，成为极为精致的玉质刻刀，由于玉的硬度较大，玉刻刀可用来雕刻骨、牙、角、蚌等质料的制品，它既是可供欣赏的玉雕工艺品，又具有实用功能。

　　水禽类动物玉雕的数量虽然不多，但大多小巧精致，在工艺上极富造诣。特别是运用"俏色"工艺雕刻的几件玉鳖、玉鸭，反映了当时玉工们巧于运用玉料颜色的那种设计智慧和才能。尤其是玉鳖，不仅壳和肚的颜色黑白分明，运用得当，更生动的是，那只完好的玉鳖，两只黑眼珠瞪得鼓鼓的，形象逼真，栩栩如生，形象和颜色的运用真可谓惟妙惟肖。另一只头部有残的鳖，虽然已不见其巧用颜色的眼珠了，但它的四爪上都有黑爪尖，可见这件作品的作者当初对料上颜色的运用，已经有了"充分运用"和"尽善尽美"的要求，哪怕一丝一毫可以利用的

图 167　商代玉鹤　　　　　　　图 168　商代对尾双鹦鹉

颜色都不放过（图 169）。玉鱼的个头虽小，但种类较多，其造型有三种：第一种鱼身体较直，窄而细长，背部有长鳍，腹鳍与背鳍对称，鱼尾比较长，鳍上有斜向阴刻线表示鳍骨；第二种鱼身体宽而短，鱼尾很短，尾端分成两叉；第三种鱼身为弧形，有的近似半圆形，未刻鱼鳞，鳍比较长，上面刻有短斜线（图 170）。

昆虫类玉雕形状很小，近似于微雕艺术，体积虽小，但刻画入微，反映出刻工对自然界深入细致的观察和独特的审美观。例如一只圆雕螳螂，长 6.8 厘米，作弓足匍匐憩息状，双眼、双翼和刀足质感极强，形象逼真（图 171）。

神话动物类的作品，都是玉工凭借丰富想象力塑造出来的，在表现艺术上体现出大胆而富于浪漫主义的情趣。那些怪鸟或怪兽，实质上是超越于珍禽异兽之外的神话般的动物，有兽首鸟身的，也有鸟首兽身的，还有集中多种动物特征于一体的，这些形象或多或少与商代先民信奉鬼神有直接关系。例如一只怪鸟，嘴为钩喙，颇似禽类，却生长四只足；还有

图 169 商代俏色玉鳖

图 170 商代玉鱼

图 171 西周玉螳螂

图172　商代玉凤

图173　西周玉鹿

一只为方头小耳，张口露齿，两眼圆睁，乍一看很像只虎，但身体却与禽类相同，有一双翅膀，真可谓"如虎添翼"。

这些稀奇古怪的动物，并非自然界所实有，而是出自雕琢者的神奇之手，他们可以有意识地追求某种动物形象，但又不使它们酷似逼真，而给人们以猜测琢磨的余地，甚至还竭尽夸张虚构，充分显示出把现实感与理想化相结合的表现手法。有一件侧身回首玉凤，是神话动物玉雕中的最为精彩者（图172）。它的玉质光洁柔润，玉凤圆眼尖喙，三个柱冠顶部相连，短翅微展，长尾自然拖垂，尾翎分开。其造型舒展，曲线优美，突出了凤首凤尾等重点部位的主要特征。凤尾虽修长与翅等部位不相协调，却具有极强的艺术感染力，给人以飘然欲飞之感。

商代动物玉雕中的许多形象，是当时颇为流行的动物图案，在青铜器纹饰中经常被采用。西周时期的动物玉雕基本上沿袭了商代的特点，流行各种小型玉质动物作品，其中不乏优秀的作品。例如立姿玉鹿，就雕刻得十分传神，鹿一般作驻足站立状，直颈昂首，圆目平视前方，鼻、口微启，似正在嘶鸣，头顶的双角分枝高高耸起，身体丰满，写实性很强（图 173）。还有一些不同造型的鹿，有回首站立、张望、奔跑等不同形象，均具有较高的艺术水平。

君子比德于玉（春秋、战国至汉代玉器）

玉有六瑞

周代是中国古代礼制最兴盛的时期，所谓"礼制"，就是从王侯到平民在社会活动和日常生活中所遵循的行为规范准则。人们平时的衣食住行，乃至婚嫁丧葬，都有严格的礼制约束，礼仪被认为能"通神明，立人伦，正情性，节万事"。这种礼制反映在用玉制度上，就是出现了一系列礼玉。这些礼玉形制不同，用途各异，名称繁多。其中最主要的是璧、圭、琮、璋、琥和璜，合称为"六瑞"。这6种玉器是中国古典玉器的核心部分。《周礼》中说："以玉作六器，以礼天地四方，以苍璧礼天，以黄琮礼地，以青圭礼东方，以赤璋礼南方，以白琥礼西方，以玄璜礼北方。"这是从"六瑞"的颜色上来解释它们的用途，在传世的汉碑上尚可见到这6种"瑞玉"的图形（图174）。

图174 传世汉碑上见到的六种"瑞玉"的图形

实际上，无论从文献记载上，还是从考古发掘品来看，"六瑞"的形状和用途都是相当繁杂的。

首先介绍一下玉璧，璧是一种圆形扁平状的玉器，中央有一个圆孔。这里先区别一下璧与瑗、环的形制。在古书的记载中，瑗和环也都是平圆形和中央有孔的玉器，古代对这三种玉器的解释是：内孔径小于玉质部分的称璧，内孔径大于玉质部分的称瑗，内孔径与玉质部分相符的称环。实际上，在考古的发掘品中，很难找到符合上述标准尺寸的玉器，所以目前一般把内孔较小的称为璧，内孔较大的称为环，而玉瑗这个名称逐渐较少使用了。

玉璧是"六瑞"中出现最早、使

图175 良渚文化玉璧　　　　　　　　　　　图176 商代突棱璧

用时间最长的一种礼玉。新石器时代江浙地区的良渚文化墓葬中，就出土了大量玉璧。这些玉璧都没有纹饰，尺寸大小及随葬数量也没有统一的格式（图175）。玉璧往往成批地放置在墓主身旁，有的学者认为它们可能与财富观念和祭祀有关，其形状大概源于纺轮或圆环形石斧，也有人认为玉璧的出现与祭天有关，反映了古代天圆地方的宇宙观。

　　商至西周时期，玉璧发现不多，形状较小。河南安阳殷墟妇好墓中出土了16件玉璧，其中有一种"突棱璧"造型很特殊，即在璧的内孔边缘凸起一道窄棱，这种璧可能是臂饰，不作礼玉之用（图176）。春秋战国时期才是使用玉璧最繁盛的阶段，此时玉璧表面出现了纹饰。最早出现的纹饰是云雷纹、勾连纹、卷云纹和蟠虺纹（图177），到战国时期则大量流行谷粒纹、涡纹和兽面纹（图178）。玉璧不但在礼制方面起着重要作用，而且大量用于装饰，造型趋于多样化。玉璧内孔和外缘上常透雕有非常精美的动物造型饰，内孔常为一条张牙舞爪的龙，外缘有凤鸟和螭虎，作对称或等距离分布（图179）。一般来说，作礼器的璧形制较大，造型规整；而作佩饰的璧形制较小，常与其他玉饰组合使用，除圆形外，还有椭圆形和圆角方形，装饰华丽，常有附加纹饰。

　　值得注意的是，从战国晚期开始，玉璧被用于为死者殓葬，铺垫在死者的胸前和背后，这属于葬礼用器之一。丧葬用璧主要是一种兽面纹璧、狰狞的兽首大概有驱鬼避邪之意（图180）。

图 177　春秋蟠虺纹玉璧

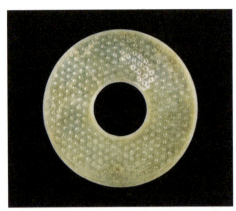

图 178　战国谷纹玉璧

图 179　战国透雕凤纹玉璧

图 180　战国兽面纹玉璧

　　两汉时期，迷信谶纬与厚葬之风盛行，玉璧更成为人们日常礼仪中不可缺少的信物。汉代以后，玉璧的使用逐渐减少，除各代皇室仍用于祭祀外，民间已罕见。

　　圭的形状很简单，呈扁平长条形，下端平直，上端作三角形。东汉学者郑玄认为三角形的圭角象征着春天万物萌发的景象。圭是"六瑞"之中名称最为繁杂的一种玉器，在《周礼》中记载的各种圭名多达十几种。这些玉圭按用途可分为四种：第一种是天子独持的玉圭，如镇圭、大圭；另一种是天子与诸侯会同时表明身份地位的信物，如植圭、信圭和躬圭；第三种是天子用于祭祀地神与先王的，如土圭和裸圭；第四种则是用于抵实、结好、除恶、聘女等，如珍圭、琬圭、剡圭和谷圭。

关于圭的起源，有的学者认为源于新石器时代的石斧，这种看法是有道理的。从考古发现来看，先秦时期的玉圭，其圭体有很多形状为上窄下宽或下窄上宽的梯形，形状近似石斧（图181）。目前发现最早的圭是河南安阳殷墟西区的900余座小墓中出土的石制圭，共14件，有的放在死者头部，其用途可能是作为一种随葬礼器来使用的。但在殷墟的大型贵族墓里却没有圭，可见在当时圭并不是贵族们所特有的礼器。西周时期的墓葬中开始出现玉圭，另外还有石圭和蚌圭。

春秋战国时期，圭开始大量广泛地使用。圭的质料有石、玉、陶和蚌，形制虽相近，但尺寸大小差异较大，有的圭底部有一个小圆孔。20世纪50年代，在河南洛阳中州路发掘的东周墓葬中，出土54件石圭。这些圭底部磨平，多数底长大于肩部宽度，只有1件圭底部有穿孔，而且圭的长短很不一致，最大的长19厘米，最小的仅为5.2厘米。石圭摆放的位置，有头部、胸部、腹部和脚部附近，以及棺椁上和棺椁之间，可见圭的用途远比记载的要复杂得多。

先秦时期以圭随葬或祭墓虽然是一种习俗，但并未有严格的用圭制度，贵族大墓和平民小墓均可使用，只不过在数量和质地上有所区别罢了（图182）。这一时期，圭还用于盟誓活动上，起简册的作用。山西侯马和河南温县的晋国盟誓

图181 史前陶寺文化圭形玉器　　图182 秦代玉圭

图 183 明代藩王墓出土的玉圭

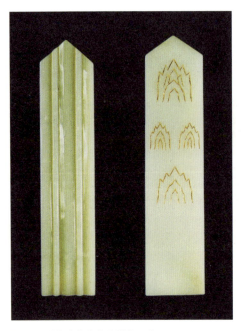

图 184 明定陵出土的山形纹玉圭

遗址中，盟辞多数书写在圭形简上。这些圭的圭体狭窄，圭角较锐，制作整齐精致。汉代玉圭沿袭春秋战国形制，但使用范围大大缩小，仅见于诸侯王墓及帝王的祭祀仪式中，而平民墓中没有发现，说明当时形成了比较严格的用圭制度。汉代以后，用圭制度趋于衰落，玉圭渐渐成为道教的法物，于是出现许多有道教意义图纹的玉圭。明代定陵和一些藩王墓中，出土有刻谷粒纹的谷圭、山形纹的镇圭等，这些都是按《周礼》等古书杜撰出来的仿古玩物（图 183、184）。

在《周礼》中，还有圭与璧联用的记载。这种情况在秦汉时期比较盛行，考古发掘中屡有发现。在胶东半岛东北端的荣成市龙须岛镇，有一处突入黄海的犄角形小半岛，岛上有一座三峰山，称为成山头。在山头上曾出土过两组玉器，每组都由 1 件玉璧和 2 件玉圭组成。《周礼》云："圭璧以祀日月星辰。"可知这两组圭璧与祭日活动有关。古人因受地理知识限制，认为太阳出于万顷波涛的大海之上，渐渐形成了海边祭日的习俗。秦汉时期，秦始皇、汉武帝等多次亲临东海之滨，进行祭日活动。今日胶东半岛沿岸遗留了不少祭祀遗迹。

秦始皇曾于公元前 219 年和前
210 年两次东巡至成山，刻石歌颂
秦皇及求仙药。秦始皇还到过芝罘
岛祭日。芝罘岛在烟台市附近，在
岛上曾发现过一个祭祀坑，里面有
1 件玉璧、1 件玉圭和 2 件玉觽，
玉圭插于璧内孔中，圭尖指向芝罘
岛主峰，这些玉器都是在祭祀后有
意掩埋的。

图 185　良渚文化玉琮

　　琮的出现与璧一样早，在江浙
一带的新石器时代良渚文化遗址和墓葬中，曾出土大量的玉琮（图 185）。琮的形
状为外方内圆，中央呈圆筒状，外周呈正四方或钝角四方形。《周礼》关于琮的
记载有"大琮""组琮""瑑琮"等名称，其用途分别为天子、王后和诸侯的专
用礼器。有的学者根据玉琮在墓葬中的出土位置，认为它与古老的敛尸风俗有关，
也有的学者认为琮的方圆表示地和天，是礼地之器。

　　尽管在古书中有很多使用玉琮的记载，但从考古发掘来看，新石器时代是制
作和使用玉琮最繁盛的时期。此后随着制玉业的发展，其他各类玉器品种和数量
越来越多，而玉琮却渐渐稀少，这是一个很奇怪的现象，也许是它在古代礼制中
逐渐丧失了礼器功能或被其他礼玉所取代，也可能是琮的使用已被儒家学者理想
化的结果。玉琮在它流行的几千年中，其形状几乎没有什么变化，只是外表的纹
饰随时代的变化而不同，时代特征很明显。因此只要把握住各时代纹饰的特征，
就很容易辨出不同时代的玉琮。

　　商代的玉琮表面一般光素无纹，也有的四个角的凸棱上刻平行弦纹和圆点纹，
还有伏蝉纹和突起半圆形。河南安阳殷墟妇好墓出土 13 件玉琮，其中有 2 件被定
名为大琮和组琮，这两种琮都是王后拥有的，代表其地位和权力。妇好为商王武
丁配偶，这些玉琮的随葬与她高贵的身份有关。

　　西周时期的玉琮发现极少，陕西西安沣西西周贵族井叔墓中出土一件玉琮，
玉质为青色，雕琢很精细（图 186）。琮外表雕刻变形凤鸟纹，这种纹饰是西周非

图 186 西周凤鸟纹玉琮　　　　　　　　图 187 战国兽面纹玉琮

常盛行的纹饰，常装饰于青铜器。这种凤鸟主要描绘钩喙和大尾，时代特征很明显。

　　春秋战国时期玉琮有素面和兽面纹两种。素面琮形制较小，造型简单，制作也很粗糙，出土于一些中小型墓中。兽面纹玉琮出土于战国早期的曾侯乙墓中，装饰的兽面纹明显是受西周凤鸟纹的影响（图 187）。

　　汉代已不见用琮随葬，汉代文献中也没有关于使用琮的记载，但遗留下来一些用玉琮改制成的其他玉器。例如河北满城西汉中山靖王刘胜所使用的殓葬玉之一——生殖器罩盒，就是用玉琮改制的；江苏涟水三里墩汉代墓中出土一件银鹰座玉盒，其玉盒也是用玉琮改成的，下面配上银质鹰座，颇显华丽大方，可见汉代时已不再使用玉琮，而是将它改作其他用途的玉器（图 188）。

　　璜是"六瑞"中样式最繁杂、数量最多、流行时间也较长的礼玉。它的形状按《周礼》的记载是"半璧为璜"，即为半璧形。但目前发现的璜，绝大多数为璧圆弧的三分之一，只有少数接近二分之一，所以"半璧为璜"只不过是后世儒家们的想象罢了。璜是祭祀北方的礼器，是一种祭天的玉器，也有人认为它的形状是古人仿照雨后天空中的彩虹形象而创造的。

　　有趣的是，在考古中发现的玉璜无论时代早晚，都主要用于装饰。一般玉璜的两端或中间都钻有小孔，便于系挂。虽然在先秦时期的宫殿遗址和祭祀坑中也发现了玉璜，但数量很少，而且造型简单，精美程度远不及装饰用璜，所以玉璜从它诞生之日起就兼作佩饰之用。

　　新石器时代和商代许多玉璜的璜体都较宽，形似扇面，一般没有纹饰（图189）。商代晚期出现一些精致的龙形和鱼形璜，表面刻菱形或三角纹。最独特的是殷墟妇好墓出土的一件窄体璜，这只璜玉质呈绿色，光亮透明，长达18.4厘米，璜体细窄，弧度接近圆的二分之一。璜两面都雕刻有人形图案，人的形象为细眉方眼，大耳下垂，头戴高冠，上肢卷曲，下身化作弯曲的鸟尾。纹饰雕刻精致，显示了高超的琢玉技艺。

　　西周玉璜的纹饰多数为变形兽纹，璜的佩带形式从单独佩带发展成为多件串联的组佩（图190）。值得注意的是，从新石器时代直到西周时期，都是玉璜的两端钻孔，从复原的情况来看，佩带时玉璜璜体脊部朝下，两端首朝上，这与东周、秦汉时期璜体脊部朝上的佩带方式正好相反。

　　东周和汉代，玉璜的造型和纹饰空前繁杂，精彩纷呈。这一时期最常见的是两端雕成龙头或虎头及整体装饰透雕图案的璜。纹饰有涡纹、勾连纹、卷云纹、网纹等，以浅浮雕、阴刻线或勾彻法制出。最精美的是一些上下缘外侧附带透雕

图 188　西汉银鹰座玉盒

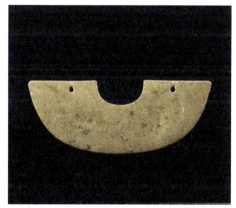

图 189　新石器时代玉璜

图 190　西周联璜玉组佩

图 191 战国透雕双龙首玉璜

图 192 南北朝玄武纹玉珩

图 193 商周玉牙璋

纹饰的璜，图案纹样有龙、螭虎、凤鸟和卷云形，制作非常精细（图 191）。

汉代以后，玉璜的形式演变成云形珩，珩的上部为云朵形，下底平直，大多数光素无纹，也有的刻四神纹（图 192）。这种形状的玉珩直到明代还在沿用。

璋的样式按古书记载是"半圭为璋"，用途有礼南方、祀山川、享后、敛尸及赠宾客等，但标准形式的玉璋至今还未发现。有一种被称作"牙璋"的玉器，在夏商时期很盛行（图 193）。这种玉璋的形状像商代的玉戈，只是刃尖内凹，与《周礼》记载的"牙璋"相近，其用途为"以起军旅，以治兵守"或"以祀山川"，也就是用于军事和祭祀上。

值得注意的是牙璋出土的地域范围在各种礼制性玉器中是最广泛的，以中原地区为中心，东起山东，北至陕北，西南达四川，南及香港甚至越南等地，都有这种样式的牙璋出土，但它在各地的用途是否完全相同，还需要进一步研究。

春秋战国时期的盟誓遗址中，出土有许多玉璋形器，上面书写着盟辞。但这种玉璋形器并不是标准的玉璋，看上去像有着侧刃的长刀。如果将两件璋形器拼在一起，与书写盟辞的玉圭的形状倒很接近，符合"半圭为璋"的定义，所以从这一点来看，这璋形器也是一种玉璋。由于盟誓活动带有军事联盟的政治色彩，在这种场合使用玉璋也是符合它的定义的。

玉琥顾名思义就是用玉雕成的虎形玉器。大家一定很奇怪，其他5种瑞玉都是作几何形的，怎么这种瑞玉成了动物形呢？原来，这玉琥是最晚加入"六瑞"行列的，大约出现于战国晚期。秦汉时代儒生在为天地四方定玉名时，缺少礼西方之玉，而西方的神主是白虎，便用玉虎来做祭拜西方的礼器。由于玉琥的形状与其他五种瑞五不协调，所以后世学者有的将它画成"瑁"（一种长方形、顶部下凹呈三角的玉器），有的则干脆用璜来代替它。

实际上，用虎形玉器来做礼器是显得太牵强附会，因为从商代以来的玉虎，无一不是作装饰品或陈设品来用的。战国时期，虎的形象被制成虎符，是王侯用以调兵的信物。例如，公元前257年，秦军包围赵国首都邯郸，形势岌岌可危。赵王派人求救于魏王，魏王派军救赵，魏军慑于秦兵的强大，于边界止步不前。魏国公子信陵君力主救赵，但只有魏王手中的虎符才能调动军队。当时魏王身边有一位宠妃叫如姬，曾受过信陵君的恩惠，信陵君便让她潜入魏王卧室，窃得虎符。信陵君凭虎符调动大军，解了邯郸之围。从流传至今的战国虎符来看，它一般为铜制卧虎形，对剖为两半，主与臣各持一半。虎符表

图 194 战国玉琥

面还刻有错金文字，而战国时期的虎形玉佩也为卧虎形，样子与虎符非常相像。有趣的是战国中山王墓中有一件玉虎，它的身上竟然用墨书写着"它玉琥"三字，当然它不是作礼西方的玉器，而是纯粹的佩饰（图 194 ）。

变革之世

　　公元前 8 世纪至前 5 世纪初，是中国历史上的春秋时期。当时，社会处于大变革的动荡之中，出现了周王室衰微，诸侯大国争霸的局面，周天子的话没人听了，"礼乐征伐自天子出"被"礼乐征伐自诸侯出"的局面所替代。周天子名义上保留了"天下共主"的地位，实际上根本号令不了诸侯，有的诸侯公然和周王进行战争；有的诸侯名义上打着"尊王"的旗号，实际上就是要控制周王。周代的宗法统治开始瓦解，形成了"礼崩乐坏"的局面。

　　在一些诸侯国内，被称为卿大夫的高级贵族拥有很大的权势，他们往往代表新兴势力，不把诸侯王放在眼里。在"礼崩乐坏"的冲击下，这些卿大夫相互争夺土地和人口，瓜分诸侯国的势力范围。当时普遍盛行一种"盟誓"活动，成为社会政治生活中很重要的一个特点，有人形容春秋时期为"世道交丧，盟诅滋彰"。所谓"盟誓"就是古代为了某些重要事件而举行的集会，会上制定公约，并对天发誓，谁也不能违反天命，否则将受严厉惩罚。春秋时期一些卿大夫为巩固内部团结，打击敌对势力，经常举行这种盟誓活动。盟誓时，主盟者将辞文写在简策上，

图 195　侯马盟书出土情形

称作"盟书"，并杀牲取血，将牲口和简策放在坑内埋起来，以取信于鬼神。

目前发现出土"盟书"的遗址，有山西侯马和河南温县两处（图195）。这些"盟书"不但使我们了解了春秋时期的盟誓制度，更重要的是出土的"盟书"均用玉石制成，从中可窥视当时的用玉制度（图196）。首先，盟誓仪式属于礼制活动，作为盟书的玉礼器有圭和璋，作为玉币（专用于祭祀和会盟仪式之玉）的玉礼器有璧、璜、环等；其次，作为盟书的圭和璋，在形制上并没有统一的规定，大小和宽窄的尺寸相差很大，有很多都是用废料改制成的，可见当时并不重视盟书的用玉质料和尺寸，而是重视圭、璋上面所写的内容；再者，作为玉币的璧、璜、环等玉器，制作规整、精致，说明这些玉器并不是制作出来就作玉币之用的，因为在春秋战国时期，大量的璧、璜、环是用作了装饰玉，所以在盟誓时只不过用了现成的璧、璜、环等来充作了玉币（图197）。

图196 书写盟誓辞文的玉石器

图197 作为盟誓玉币的玉环

侯马盟书是春秋晚期晋定公十五年至二十三年间（公元前497～前489年）晋国正卿赵鞅与卿大夫之间举行盟誓的约信文书。赵鞅就是历史上赫赫有名赵简子，即家喻户晓的寓言故事《东郭先生》中杀死恶狼、解救东郭先生的将军。赵鞅虽是晋国大臣，实际上权利扩张，逐步打击和消灭旧贵族，成为晋国的主宰，为韩、赵、魏三家分晋起了关键作用。赵鞅的墓在山西太原南郊金胜村，为竖穴土坑木椁墓，保存完好（图198）。他的身上佩玉达110多件，口含玉玦，胸前有各类玉佩、璧、琮、璜、环、龙形佩等，脚与手上都有水晶串珠，头两侧有龙形玉饰（图199、200）。赵鞅墓出土的玉器数量多、质量精，其规格显然超出了他的晋国卿大夫的身份，是僭越礼制行为的表现。

　　"礼崩乐坏"的社会背景反映在用玉制度上的另一个标志，就是玉器的使用已不再被上层社会所垄断，特别是在战国时代，用玉随葬已成为比较普遍的习俗。

图198　赵鞅墓墓室

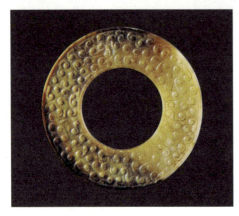

图199　赵鞅墓出土的玉璧

图200　赵鞅墓出土的玉龙

例如，1954 ～ 1955 年，考古工作者在河南洛阳中州路附近发掘了 92 座战国墓，其中 52 座出土了大量玉石器，特别是中、小型墓葬中的葬玉，有许多为石质，但造型与大型墓所出葬玉一致，玉石相杂现象十分明显，这也反映出当时礼制混乱的情况。

战国是一个群雄争霸的时代，土地、人口和财物成为各列强争夺的主要目标。"和氏璧"的故事说明，当时连精美的玉料也都成了天下追逐宝物和交换土地的筹码。

和氏之璧是中国历史上非常著名的一件无价之宝，在它流传的几百年间，被奉为价值连城的"天下所共传宝"。这块珍贵宝玉是怎样得来的呢？

春秋时期，有个楚国人名叫卞和，他在楚山上找到了一块玉璞，为了表示忠君之心，便把这块玉璞献给了楚厉王。玉璞是天然玉料，如果不经锯割，外表看上去同普通石块没什么区别（图 201）。楚厉王找来玉工鉴别，玉工认为是石头而非玉璞。厉王大怒，认为卞和有意欺君，就下令砍去他的左足，逐出国都。厉王死后，楚武王即位，卞和又将玉璞献上，玉工仍鉴定为石头，武王又以欺君之罪砍去他的右足。

又过了几十年，武王之子文王即位。这时卞和又想献宝，无奈已是风烛残年，双足又被砍去，行动不便。于是他怀抱玉璞在楚山下痛哭三天三夜不止，流尽眼泪而溢血。文王听说后，派人问卞和：天下被削足的人很多，为什么你却哭得如

图 201 玉璞的外表与石头没什么区别

图 202 切开玉皮就露出了真正的玉质

此悲伤呢？卞和答道：我并不是因削足而悲伤，而是因为明明是宝玉却被认为是石头，忠贞之士被当作欺君之臣，是非颠倒，黑白不分啊！文王就命令玉工剖开玉璞，果然得到一块无瑕的美玉（图 202）。为嘉奖卞和的忠诚，文王将此玉命名为"和氏之璧"。

这里所说的"璧"，与六瑞玉之一的璧概念不同，而是美玉的通称。楚文王获此美玉后舍不得雕琢成器，而是将它奉为玉宝而珍藏。

公元前 333 年，楚国吞灭越国，楚威王因相国昭阳灭越有功，将和氏璧赐予昭阳。可就在这时，和氏璧竟失窃了，国宝的不翼而飞震动了朝野。当时魏国人张仪正在楚国游说，曾与昭阳共饮，于是张仪成了怀疑的对象。张仪在"掠笞数百"的严刑下仍不承认，楚人无奈，只好将他释放。张仪受辱后离开楚国，辗转至秦国，后来成为秦相，为秦国的强大立下汗马功劳。

战国时期的楚国幅员辽阔，国力强盛，制玉业也很发达。在它的都城郢（今湖北荆州市）周围分布着许多楚王陵区以及贵族墓地，出土了大量的玉器（图 203、204）。

再说和氏璧销声匿迹几十年后，突然在赵国出现了，至于是怎样流落到赵国，已成为历史之谜。赵惠文王时，宦者令缪贤从一外人手中购得这块璧，经玉工鉴定后，方知这正是失踪多年的和氏璧。赵王得知后，便将这件稀世之宝强夺了去。

秦昭王听说和氏璧在赵国，就派人送信给赵王，希望以 15 座城来换取和氏璧。

图 203 楚墓出土的玉覆面

图 204 楚墓出土的玉璧和龙形玉佩

赵王明知秦国想巧取豪夺此璧，但慑于秦国的强大，只好派蔺相如奉璧出使秦国去易城（图205）。

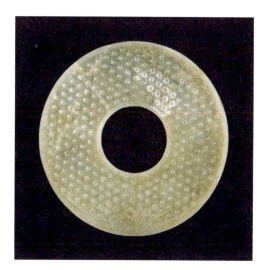

图 205 战国时期的玉璧

蔺相如到了秦国，将璧献给秦王。秦王大喜，将璧传给左右妃嫔大臣观看，众人皆呼万岁。蔺相如见秦王无意割城给赵国，就走上前说：璧上有瑕疵，让我指给您看。秦王将璧递给蔺相如，蔺相如持璧倚柱而立，怒道：您想得此璧，派人送信给赵王。赵王召集群臣商议时，大家都说"秦国贪婪，倚仗强盛以空话来求璧，易城之事不可信"。我认为百姓之间的交往都不敢欺，何况大国呢！况且因为一璧而得罪秦国，实在不值。于是赵王在斋戒五日后，派我将璧给您送来。可您在见我时无礼傲慢，将璧传给众人看，这是在戏弄我。我看您无意以城易璧，就取回此璧。您若再逼我献璧，我的头今天就和璧一起碰碎在这柱子上！蔺相如说罢，举璧视柱，作欲碰状。秦王唯恐璧被碰坏，连连道歉，并招人拿来地图，指出给赵国的15座城。蔺相如知道这是秦王的缓兵之计，就对他说：赵王在送璧时曾斋戒五日，现在您也应斋戒五日，并设九宾之礼，这样我才献璧。秦王见无法强夺，只好答应了。

蔺相如回到宾舍，想秦王虽斋戒，但肯定负约不予赵国城。于是命随从换上百姓衣着，怀揣玉璧，连夜从秦国逃回赵国。

五日后，秦王在宫廷内设九宾之礼，命人请蔺相如。蔺相如入宫后对秦王说：秦国自穆公以来20余位君主，没有一位是恪守信约的。我担心被您欺骗而辜负赵国重托，已派人将璧送还赵国。秦强而赵弱，秦先割让15座城给赵国，赵国怎敢留璧而得罪您呢？我知道欺君之罪当杀，我愿下汤锅，您看着办吧。这一番话说得秦王与众臣面面相觑，无言以对。有人建议将蔺相如囚禁起来，秦王一想，就是杀了蔺相如，也得不到玉璧，况且还使两国关系恶化，不如厚待，让他回去，

图 206 发生"完璧归赵"故事的秦咸阳宫殿复原图

赵王怎敢因一璧而欺秦国呢？于是秦王在宫廷内以隆重的礼节款待蔺相如，并将他送回赵国。

蔺相如回到赵国后，因出使秦国不辱使命而被封为上大夫。秦国并没有割让15座城给赵国，赵国最终也没把和氏璧给秦国。这就是历史上著名的"完璧归赵"的故事（图 206）。

公元前 228 年，秦国大军攻占赵国都城邯郸，赵幽王投降，献出了和氏之璧。秦王嬴政实现了他曾祖父的愿望，和氏璧最终落入秦国宝库之中。但从此后，和氏璧便从历史记载中消失了。

和氏璧的下落究竟如何呢？有人做出了两种推测。一种推测认为，它成为随葬品而埋葬在秦始皇陵墓内。秦始皇统一天下，功盖今古，其墓中藏满"宫观百官奇器珍怪"，和氏璧或许正是这无数奇器珍怪之一。如若这样，将来有朝一日发掘秦始皇地宫，我们还有机会一睹和氏璧的风采。再有一种推测认为它可能在秦末战争中遗失或为项羽所掠。秦末，项羽率兵入咸阳，烧秦宫室，掘始皇陵，掠宝物、宫女而去，和氏璧可能就在其中。但随后而来的楚汉战争，又使这批财物下落不明。它或许藏在项羽的都城彭城（今江苏徐州），或许遗落在项羽败死的垓下（今安徽灵璧）。

缤纷玉饰

　　春秋战国至汉代的玉器上，绝大多数都装饰有花纹图案，这些图案的特点是样式繁多，雕刻细密，纹饰抽象深奥，给人一种神秘感。从纹饰结构来看，有几何形和动物形两种，其中以几何纹饰最多。

　　几何形纹饰的特点是以圆形、弧形和方折形线条为主，纹饰对称性强，变化灵活，既可看出单组纹饰，又能一组组连接起来，逐渐扩充为整体纹饰，动感极强，变幻无穷，使人百看不厌。流行最广、最常见的几何形纹饰有谷纹、涡纹、云纹、云雷纹和勾连纹。这几种纹饰广泛地装饰在玉璧、玉环、玉璜和玉龙等器物上（图 207）。

　　谷纹又称谷粒纹，是以剔地浅浮雕的方法，在玉器表面雕琢出许多突起的弧形圆点，这些圆粒排列有序，经抛光后闪闪发亮，十分悦目（图 208）。《周礼》中曾有"谷圭"和"谷璧"的记载，自宋代以来，一些古玉家将谷纹理解成谷穗的形象，而且还牵强附会地在圭和璧上刻画出谷穗纹饰。

　　实际上，在春秋战国时期，玉器上根本不会出现这种写实性图案，谷纹的名称是由于它浅浮雕的半圆形凸起似谷粒而得来的。谷纹是战国时期最流行的纹饰之一，由于谷纹制作难度较大，所以它装饰的玉器往往比较精致，观赏价值很高。由谷粒派生出来的纹饰中，有一种称为"蝌蚪

图 207 战国云纹玉璜

图 208 汉代谷纹玉璧

纹"，就是在谷粒边缘上琢出一道弧线，形似蝌蚪的尾巴，所以称"蝌蚪纹"（图209）。所琢刻的"尾巴"，方向并不固定，似乎是玉工随意雕刻出来的，但装饰效果较好，它常饰于玉龙上，增强了龙的动感。

涡纹是以阴刻手法雕刻出的水漩涡形纹饰，形似"蝌蚪纹"。这种纹饰最早见于西周时期，但数量很少。春秋时期，涡纹的尾端拖得较长，形似弯钩；战国时期，涡纹成为千篇一律的漩涡状（图210）。由于涡纹雕刻简单，又能达到谷纹美观的效果，所以它在战国时被大量采用。

云纹状如云头形，以阴刻或浅浮雕方法雕出，每组云纹是由两个单体相对的谷纹或涡纹尾部相连构成（图211）。这种纹饰既有玉工有意刻成的，也有随意刻成的。前者往往排列整齐，后者则常与谷纹、涡纹相杂，显得富丽美观。云纹也是战国时期常见的一种纹饰，由它派生出的有一种变体云纹，纹道长而细，富有飘逸感。

云雷纹是一种线条方折的纹饰，以阴刻手法制成。单体云雷纹呈S纹，在装饰上，每三个雷纹构成一组图案，构图对称，纹饰显得较细密。这种纹饰是春秋早期特有的一种纹饰，具有断代的意义（图212）。它显然是受当时青铜器上所盛行的云雷纹的影响而出现的，但装饰在玉器上则显得较呆板，缺乏生气，到春秋晚期和战国时它便演变成了最富变化的勾连纹。

勾连纹源于雷纹和云纹，以阴刻手法制成，是春秋战国时期图案中最为繁杂

图209 战国蝌蚪纹玉璧

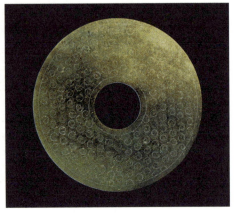

图210 战国涡纹玉璧

图 211　战国云纹玉璧　　　　　　　　　　　图 212　春秋云雷纹玉璧

的一种图案，由单体雷纹或云纹相互勾连而成，不过雷纹的线条已由方折变成圆弧。最早的勾连纹玉器见于春秋中晚期，勾连纹线条为双勾线，婉转流畅，时代特征明显。战国时期的勾连纹看上去似乎集中了雷纹、云纹和涡纹的特点，显得整齐平稳。除了这两种最基本的构图外，派生出的图案也很多，颇具特色的是勾连云纹。勾连云纹是将几组云纹对称地勾连在一起，到战国晚期和西汉早期，有的器物上则出现通体十分规整和细密的勾连云纹，非常华丽（图 213）。

　　从以上这几种春秋战国时期常见的几何形纹饰中可以看出，浅浮雕的谷纹和阴刻的涡纹是构成几何形纹饰的主体，其他纹饰几乎都是从这两种纹饰演化出来的。为什么在几何形纹饰中很少见到直线形图案呢？这可能与古人的审美观有关。

　　春秋战国时期的玉器大多数作圆形或弧形，特别是装饰品，即使是转折处也琢成弧角。这样的玉器如果装饰上直线形纹饰，就会影响整体美的效果。而饰以圆弧形为主体的纹样，则显得和谐统一。古人大概很早就认识到了这一点，在商和西周时期的圆形玉器上，比如璧、环等，几乎看不到纹饰，这是因为当时的琢玉水平还达不到琢制细密对称纹饰的程度，所琢纹饰以直线或长弧线为主；而到春秋战国时期，琢玉水平达到空前的高度，任何纹饰都可以随心所欲地雕琢出来，能够按照当时人们的审美观去刻制装饰图案了。

　　动物形纹饰有神兽形和写实动物形两种。神兽形纹饰也是春秋战国时期广泛采用的纹饰，最常见的兽面纹和螭虎纹。

图 213　汉代勾连纹玉佩

图 214　汉代兽面纹玉铺首

兽面纹又称饕餮纹，用阴刻或浮雕手法琢出一只狰狞凶猛的兽首，常装饰于各种小型玉饰、玉璧、玉剑饰之一的玉璏及玉铺首上。饕餮是一种贪食的恶兽，《吕氏春秋》中说："周鼎著饕餮，有首无身，食人未咽，害及其身，以言报更也。"商周时期的很多青铜器上都装饰有兽首的图案，宋代的《宣和博古图》最先把它定名为"饕餮"。兽面纹出现在玉器上最早是春秋时期，在战国至汉代很盛行，基本特征与春秋时大致相同，只是眼睛有作圆形，牙齿有作一排整齐门牙等（图 214）。对于兽面纹玉器，后世仿造非常多，但都未把握住细部特征。辨认春秋至汉代的兽面纹，关键在于眉毛与鼻的刻线是相连的，眼睛一般为菱形，抓住了这个特征，一般很容易识别出仿制品。

　　螭是龙的一种，因形状似虎而称为螭虎。螭虎纹是战国至汉代常见的纹饰，常以高浮雕或透雕琢出，作盘曲蜿蜒或攀缘匍匐状，装饰于玉璧、剑饰和玉印等器物上（图 215）。古人将螭虎作为天空中游弋的神兽，因此在塑造螭虎形象时，往往衬以流云纹。

　　写实动物形纹饰在春秋战国时期已很少见，主要是沿用商、西周时期动物玉雕的造型。目前见到的动物形纹饰有两种，一种是虎皮纹，装饰在虎形玉佩上（图 216）；另一种是蝉纹，装饰在玉管上。这两种纹饰都仅见于春秋时期，迄今还尚未发现战国时期的动物形纹饰。

图 215 汉代螭虎纹玉剑首

秦汉时期，人们对于玉石的温润的内质和悦目的外观有着深刻的认识，它既体现着拥有者的地位和身份，又表达人的品德。在这种背景下，社会上形成一股用玉浪潮，玉制品成为最华贵的东西，尊玉习俗非常盛行。"买椟还珠"的故事就反映了这一点。

楚国有个人到郑国卖宝珠，盛放珠子的"椟"（即匣子）是用名贵的木兰之材制成的，并以桂椒

图 216 春秋虎形玉佩

作香料。匣子外面装饰着玉饰、羽翠，十分华丽。精明的郑国人买下了他的匣子，却把珠子还给了他。显然这个楚国人有些孤陋寡闻，并不知道玉饰的价值比所卖的宝珠还要高，精美的"椟"反而影响了"珠"的价值。

在琳琅满目、精美缤纷的玉饰中，人们最注重的是随身装饰，因为雕制精巧的玉器不仅有美观外貌，而且显示出佩带者的品格，"君子无故，玉不去身"，这种礼俗是人们日常生活不可缺少的一部分。

当然，贫富贵贱的不同，决定了佩带玉饰的精美程度及数量多寡的差异。从墓葬的出土情况来看，诸侯国君、贵族官僚的玉佩雕刻精美，玉质优良，数量很多，

往往从头到脚都装饰起来；而平民墓玉佩出土较少，有很多饰物是用石料雕成的，但形状、纹饰与玉饰一样，这种以石代玉、玉石混杂的现象在战国时期很普遍。

　　装饰在头部最常见的玉饰是玉玦，玦是耳饰，悬夹在两耳上，在墓葬中则成对地出土于人头骨两侧。春秋战国时期常见的样式有两种，一种是沿用新石器时代的样式，作扁平体形，大多数没有纹饰，也有的雕琢龙纹、卷云纹、勾连纹或缺口部作双龙首。河南光山县黄国国君孟夫妇合葬墓出土两件雕刻简化夔龙纹的玉玦，琢磨非常光滑，是春秋时期的代表作（图 217）。另一种玦的造型为圆柱体状或鼓形，表面装饰弦纹、兽面纹等，是当时所特有的玉玦样式（图 218）。汉代的玉玦至今尚未发现，可能用玦的习俗到汉代已不复存在。汉代的耳饰一般用料器制成，呈两端粗、中间细的腰鼓形，称作"耳珰"。

　　玉玦除在耳饰外，还可作佩饰，但这种用途仅见于史书中。楚汉战争时，西楚霸王项羽与汉王刘邦共争天下，项羽邀刘邦聚会于鸿门，这就是历史上著名的"鸿门宴"。在宴会上，项羽的谋士范增设计要杀掉刘邦，他用佩带的玉玦再三向项羽示意（取决断之意），要他下令杀刘邦。但项羽却优柔寡断，不忍心下手，结果使得刘邦脱身逃回，积蓄力量，最后击败项羽，夺得天下。

　　悬挂在人的颈下和腰间的玉佩是最主要的装饰品。当时人们视缀于衣裳外面的玉佩为珍爱之物，并将玉佩当作长寿的象征以及馈赠的礼品。

　　从春秋到战国，玉佩组合更加烦琐，形成"组佩"，而从战国到汉代，玉佩

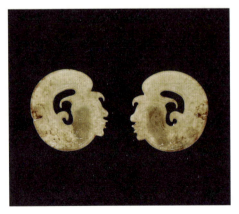

图 217 春秋夔龙纹玉玦

图 218 春秋柱状玉玦

又渐趋简化。组玉佩中最主要的是璧、璜、环、觿和玉冲等，它们之间以丝带穿系，系带上缀以珠和玉管。著名考古学家郭宝钧根据出土遗物和文献记载，复原了一套完整的春秋战国"组佩"，基本可以反映当时玉佩的面貌（图 219）。这套玉佩中央为一件大玉璧，上下各有一件玉璜。上璜两端缀玉珠，璜上部有一件玉环。下璜两端所缀玉饰称为玉牙，也就是觿，两觿之间的方形玉饰叫玉冲，人佩带行走时，冲牙相触，发出悦耳的声音，以驱除杂念。从考古发掘来看，当时的组合形式似乎并没有统一的定式，可繁可简，因人而异。

春秋战国时期，作为佩饰的玉器，如玉环、玉觿、玉冲等，往往在构思和雕琢方面都非常精巧。

玉环一般为扁平圆形，中央孔径较大，环体较窄。春秋时期玉环的横截面为扁平长方体，环面多数没有纹饰，少数装饰有兽面和勾连纹。战国时期新出现一种横截面为椭圆形和菱形体的玉环，这种玉环常与带钩一起出土在人体腰部，所以可能是作束带用具。玉环纹饰样式很多，主要有涡纹、卷云纹、勾连纹、绞丝纹等。玉环中最精美的是外缘上附雕龙、凤形象的环及双环之间透雕卷云纹的套环，纹饰细腻，造型生动（图 220）。

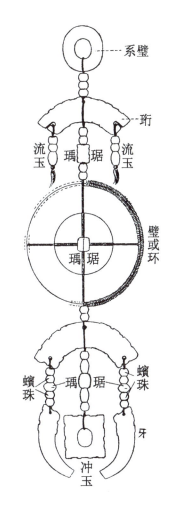

图 219 郭宝钧复原的战国玉组佩

玉觿的形状为角形或牙形，原用来解结，战国至汉代被用来作佩饰，位于组佩最下方，常常成对出土。春秋时期的玉觿似兽牙，比较粗短，觿首为兽首形，觿身装饰有雷纹、勾连纹等。战国至汉代时期玉觿多为细长的角状或弯曲的龙体，

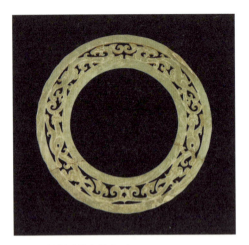

图 220 战国透雕龙纹套环

图 221 汉代玉觿

图 222 春秋玉冲

觿首作虎首或龙首,觿身饰涡纹、勾连纹、卷云纹等(图 221)。一些觿的外缘附有透雕的云纹。

玉冲为方形,夹在两觿之间,考古发现较少,河南淅川下寺春秋楚墓中出土一件,正面为若干组变形蟠螭纹,雕工极精,纹饰细密,繁而不俗,为罕见的佳品(图 222)。

春秋战国玉佩饰中,较具特色的还有各式各样的玉龙,龙体造型多为单 S 或双 S 形,也有团身和圆体的。龙体两端有一首一尾和双龙首两种,龙足作爪形或羽状,有的龙体无爪,似蛇形。战国晚期玉龙造型趋于复杂,有缠体双龙、五重曲体龙等,一些玉龙体侧外缘常附雕精美的凤鸟等纹饰(图 223)。

西汉中期以后,佩饰渐渐简化,主要以璧、璜为主,间杂玉舞人、玉觿等。汉代最富特色的佩饰是心形玉佩,其造型是中间为一个鸡心状玉饰,中央有一圆孔供穿系,心形体两侧透雕卷云纹、蟠螭纹及凤鸟纹(图 224)。心形佩是从战国时玉韘演变而来的,西汉中期以前心形佩造型简单,西汉晚期到东汉,心形体呈扇面弧状,纹饰繁缛。由于心形佩是汉代典型的玉饰,所以在清代被大量仿制。

图 223 战国龙形玉佩

图 224 汉代心形玉佩

惊世奇珍

　　战国至汉代是中国古代玉器发展的第一个高潮期，制玉的规模和水平都达到了空前的程度，后世好玉之人无不以藏有战国至汉代美玉为荣。但在几十年前，人们对于这一时期的玉器特征还不很清楚。古玉玩赏家把汉以前的玉器统称为周玉，并以《周礼》等经书加以考释，牵强附会和谬误之处很多。实际上，从新石器时代至汉代，中国古玉的发展已经历了漫长的历程，战国至汉代玉器所展示的灿烂夺目的华彩，正是孕育几千年后所迸发的绚丽光芒。

　　从下面介绍的曾侯乙墓、金村古墓和南越王墓出土玉器，我们可以认识到战国至汉代玉器的基本面貌。

　　曾侯乙墓位于湖北随州市西郊擂鼓墩附近，是曾国君主乙的墓葬，下葬年代为公元前 433 年或稍后（图 225）。曾国就是历史文献中记载的随国。随国是楚国周邻小国中比较强盛的一个，所以楚国一直视其为眼中钉。公元前 706 年，楚武王出兵伐随，但随侯做好了抵抗准备，楚军无功而还。过了两年，楚军再次攻随，虽然取胜，但未能占领随国，只得议和而返。公元前 690 年，楚武王亲自率军攻随，不料却病死于军中，他手下大臣便与随侯结盟了事。直到战国中期，楚国将周边

图 225　曾侯乙复原雕像

小国吞灭殆尽，才消灭了随国。随国强盛的国力反映在君主墓葬中，就是随葬有大批精美的器物，其中包括玉器。

　　曾侯乙墓玉器绝大多数出自墓主棺内，头脚处各放少数，其余分左右两排或数排，自上而下放置，棺盖上也有玉、石饰物，可能是棺罩上的饰件（图 226）。这批玉器颜色以青白、青黄、灰白、黄白、黄褐、青蓝色为主，少数为深绿、浅绿和白色，玉质不纯，一般都带有不同程度的杂质和裂痕。多数玉器通体抛光，色泽较亮，经鉴定，这批玉器属新疆和田软玉。玉器分饰物、用具和葬玉三大类。玉饰物的数量和种类很丰富，形制、纹饰、大小、玉色基本一致的同类往往成对出现（图 227）。用具包括玉挂饰、玉带钩、玉梳和玉觿（图 228、229）。葬玉64 件，有琀、口塞、握、璞料及残玉器等。玉片 21 件，均作长方形，分布于墓主

图 226　曾侯乙的玉器都在这个漆棺里

图 227 曾侯乙墓出土的双龙玉饰

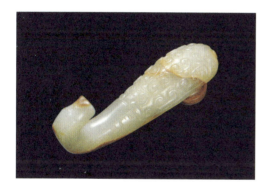

图 228 曾侯乙墓出土的玉带钩

图 230 曾侯乙墓出土的缀衣玉片

图 229 曾侯乙墓出土的十六节玉挂饰

上半身，有四个或两个小穿孔，其用途应是掩覆于墓主面部的"瞑目"及衣服上的缀饰（图 230）；残玉器和玉璞则有护尸不朽的意义。

曾侯乙墓玉器大多数制作精致，雕刻技法有平雕、浮雕、阴刻、透雕、圆雕、穿孔等，一些玉器上尚有制作时留下的痕迹。这批玉器保存完好，时代明确，是研究战国玉器制作工艺及使用制度的宝贵资料。

金村是一个小小的村庄，位于河南洛阳市东约 10 千米的地方。在它南面不远，陇海铁路和洛河蜿蜒而过。在这个不起眼的小村里，近百年前却发生了一件大事。

1928 年盛夏的一天，一场罕见的大暴雨降临到豫西大地。天空阴云密布，雷电交加，大雨如注，地面一片汪洋……雨过天晴，金村的乡民们怀着不安的心情走出家门，当他们来到村外田间时，被眼前的情景惊呆了，地面经雨洗刷后竟出现几个大坑。这奇异的现象一时引起许多传言，有人说这是天神下凡踩出的脚印，有人说这是土地爷出来饮水时留下的孔洞。

一些人好奇地将这几个坑挖开，才知道这下面是几个大墓。这些墓的底部，在棺椁周围，采用了战国时期常见的"积石积炭"的方法。"积石"就是在棺椁上方铺垫一层厚厚的砂石，目的是防盗；"积炭"是在棺椁周围填塞木炭，起防潮的作用。只因这场雨太大，砂石和木炭承受不住巨大的重压而塌陷，就形成了大坑。

金村的村民从古墓中挖取了大量异常精美富丽的随葬品，有青铜器、漆器、玉器、银器等，由于是杂乱无章的掏挖，到底出土了多少件器物，至今已无法准确统计。金村发现古墓的消息很快传开。当时，正值洛阳一带盗掘古墓之风最猖獗的时候，文物贩子蜂拥而至，收购和盗掘古器物。那时又是军阀混战的年代，地方治安和国家文物根本无人管理，绝大多数出土器物几经辗转，最后流于海外，现在大部分收藏在美国哈佛大学福格博物馆、弗利尔博物馆和加拿大多伦多皇家安大略博物馆中（图 231 ~ 233）。

在金村古墓被掘开时，加拿大的传教士怀履光曾去金村，根据所见所闻编成《洛阳故城古墓考》一书，后来日本人梅原末治依据流落到海外的金村古物编写了《金村古墓聚英》。这两部书是研究金村古玉最重要的参考书。

金村的玉器数量到底有多少，已无法确知。根据《金村古墓聚英》的统计，共有 72 件，绝大多数为装饰玉，还有少量用具和嵌玉。

从墓葬形制来看，这些大墓的年代在战国时期，因此这些古玉的年代也就很明确了。读者不禁要问，战国时期是中国古典玉器发展最辉煌的时代，大量精美玉器的出土已不鲜见，为何要单单提到金村古玉呢？如果我们把金村古玉同其他

图 231 美国哈佛大学福格博物馆藏传金村古墓出土的嵌玉金带钩

图 232 加拿大多伦多皇家安大略博物馆藏传金村古墓出土的玉龙佩

图 233 美国弗利尔博物馆藏传金村古墓出土的金链双舞人龙形佩

地区出土的战国玉器作一对比，就可以看出金村古玉无论是在数量、种类，还是在制作工艺精美程度上，都要远胜一筹。拥有这些玉器的墓主的身份和地位，无疑是相当高贵的，甚至比诸侯王还要高。那么，这些墓主究竟是谁呢？

洛阳这地方在西周时叫洛邑，当时周的都城在关中的镐京（今陕西西安附近），洛邑成为周统治中原地区的中心。西周末年，周幽王为讨宠妃褒姒的欢笑，烽火戏诸侯，结果导致了西夷犬戎攻破镐京，灭亡了西周。公元前 770 年，周平王将都城从镐京迁到洛邑，称作东周。公元前 249 年，秦国军队攻取洛邑，东周灭亡。在东周存在的 500 多年间，共经历了 22 个王，虽然东周时周王室衰微，但名义上

图 234 传金村古墓出土的镶玉环琉璃璧铜镜

图 235 传金村古墓出土的螭凤勾连纹玉樽　　图 236 传金村古墓出土的勾连纹玉耳杯

仍是天下共奉的君主，他们死后在丧礼上仍沿用最高的礼节，王室大墓的随葬品也特别华丽，形制特殊，非其他墓葬所能比。金村的位置处在东周都城附近，这里的大墓主人只能是周王或王室成员。

金村古玉是已知唯一一批属于东周王室的玉器，代表了当时制玉工艺的最高水平，因此它对于研究战国时期的制玉情况是极为珍贵的材料。

首先，这批玉器中有一些非常精美的作品，如镶玉环琉璃璧铜镜、螭凤勾连纹玉樽、勾连纹玉耳杯等，是诸侯列国玉器工艺水平所不能企及的，它们是由宫廷匠师制造的（图 234 ~ 236）。周王朝东迁后，原来西周的宫廷玉匠也跟随着迁到了洛阳，由于宫廷的匠师有着传统的工艺，所以周王室的衰落并未影响制玉业的发展，反而随着社会生产力的发展和治玉技术的进步，这些宫廷玉匠更能发挥独特的想象力和高超的技艺，制作出令人叹为观止的佳作。

其次，金村古玉中有很多的小型玉佩，它们被雕成龙、虎、凤鸟等动物形象，玲珑剔透，十分精巧。大量随葬玉器是当时厚葬风气的反映。《吕氏春秋·节葬篇》中说，当时"家弥富，葬弥厚，含珠鳞施"。所谓"鳞施"，就是把玉器像鱼鳞一样施于人体之上，作为天下君主的周王，随身附葬玉器远比一般诸侯君主多得多。这种随葬玉器的风俗一直到汉代还在沿用。

在南国花城广州著名风景区越秀山公园的对面，有一座小山，称作象岗山。这座小山虽然不很起眼，但 1983 年在它的腹中却发现了一个古代宝库——西汉南越王墓（图 237）。

这座墓由 750 多块砂岩石板构成，全长 10.85 米。墓内由两个耳室、两个侧室、前室、主棺室和后藏室 7 部分组成，到处都堆放着各种精美的器物。从随葬印玺

图 237 西汉南越王博物馆

图 238　南越王墓出土的玉璧

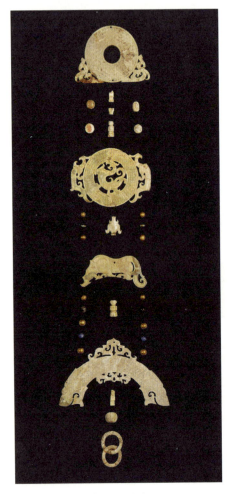

图 239　南越王墓出土的玉组佩

的铭文来看，这座墓的主人是南越国第二代王赵眜，他死于西汉武帝元狩元年（公元前 122 年），此墓距今已有 2000 多年之久。墓内布置的各种格局及随葬财物，正是他生前生活的反映，真是"地下幽冥殿，人间帝王家"。

在南越王墓出土的陶、铜、铁、玉、金银、漆木和骨牙角等诸物中，以玉器最具特色。玉器共出土 200 余件，数量多，品种杂。按用途来划分有礼仪用玉、装饰用玉、丧葬用玉、日用器具和镶嵌器等。

礼仪用玉仅有璧一类，包括蒲纹和涡纹璧，共有 71 件（图 238）。装饰用玉的数量和种类最多，制作也最为精美，主要以玉组佩和玉剑饰为主。玉组佩由璧、璜、环、玉人、珠等组成，共出土 11 套，其中最复杂的一套覆盖在墓主人的玉衣上，长约 60 厘米（图 239）。玉剑饰出土 58 件，其中有 43 件置放于西耳室的一个漆盒中。这些剑饰包括剑首、剑格、剑璏和剑珌（图 240）。一座汉墓中出土如此多的剑饰尚属首见，这或许是南越国穷兵黩武的写照。

丧葬用玉包括玉衣、玉握、玉鼻塞和玉璧四种。赵眜入殓时是裸体穿着玉衣的，遗体贴身铺着 14 块玉璧，双手

图 240 南越王墓出土的玉剑饰

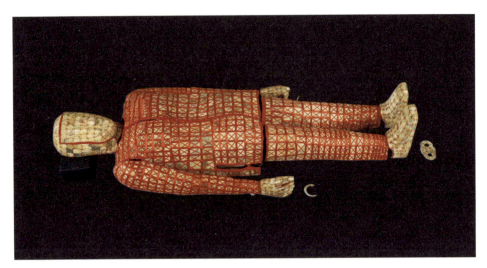

图 241 南越王墓出土的玉衣

握玉觿，这样做的目的是为保尸体不朽（图 241）。日用器具有玉带钩、印玺、六博棋子、盒、犀角形玉杯等。玉带钩多达 37 件，纹饰繁多，造型优美，做工精湛，其中八节铁芯龙虎带钩和龙虎并体带钩堪称佳品（图 242）。六博戏是汉代颇为流行的一种游戏，一局十二棋，黑白各六枚，两人相搏。南越墓出土十二枚棋子，其中六枚用白色水晶制成，六枚用墨绿色碧玉制成。活环子母口玉盒和犀角形玉杯是南越王墓玉器中制作水平最高的作品，也是极为罕见的艺术杰作（图 243、244）。

镶嵌器是指玉器与其他质料结合构成的器物，有铜框镶玉盖杯、承盘高足玉杯、玉卮等。承盘高足玉杯由金、银、铜、木、玉 5 种质料制成，以玉杯为主体，由三龙衔托，呈现升腾之状，这或许就是西汉时流行的祈求长生不老的"承露盘"（图 245）。秦汉时期统治阶级中有服药求神仙的习尚，秦始皇和汉武帝都曾求助于方

图 242 南越王墓出土的八节铁芯龙虎带钩

士想得到长生不老之药。秦代都城咸阳阿房宫遗址曾出土一件玉杯，与南越王墓这件高足玉杯极为相似，可知用"承露盘"求仙方式由来已久。汉武帝于元鼎二年（公元前 115 年）建"柏梁台"，上置承露盘，盘中放玉杯来承接云雾中的露水，"以露和玉屑服之，以求仙道"。据史书记载，赵眜体弱多病，无法赴长安向汉

图 243 南越王墓出土的活环子母口玉盒

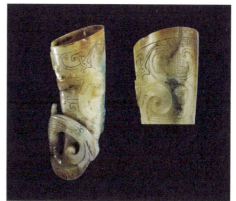

图 244 南越王墓出土的犀角形玉杯

图 245 南越王墓出土的承盘高足玉杯

廷皇帝朝请。南越国虽地处僻壤，但赵眜之子婴齐长年留居长安，他可能将这一套求仙之术带给了赵眜。

南越王墓玉器的出土，使考古工作者惊喜不已，因为这些玉器无疑代表了当时治玉技术的最高水平，从中可以清楚地了解到当时的玉器使用制度，而且这座墓未被盗掘，所有玉器几乎完好无损地保存了下来。然而，面对大批精美的玉器，学者们又陷入了困惑之中，这些在中原内地都很少见到的玉器，怎么会在当时偏僻的一隅——广州出现呢？

在解答这个问题之前，让我们先来看看南越国的历史。

第一代南越王赵佗本是河北真定人，后随秦军入岭南，虽官职不高，但颇有雄才大略。秦朝灭亡后，赵佗乘中原混乱之机，派兵攻灭桂林和象郡，建立起地跨两广的南越国，自称南越武王，成为声名赫赫的乱世枭雄。赵佗统治岭南达67年之久，史书记载他的寿命超过百岁，称为"人瑞"。西汉初年，南越国的势力达到最盛，赵佗号称自有兵甲百万，还对汉高祖派来的使者陆贾夸口说：群雄争霸中原时，我在岭南。如我在中原，未必就不如汉皇。

以当时南越国力之盛，连汉朝廷也让赵佗三分，封他个南越王了事。但南越国能制造出如此精美的玉器吗？众所周知，在古代，一个地区的制玉工艺若要达到很高的水平，必须具备三个条件，即悠久的治玉传统，技艺高超的玉工和来源丰富的玉料。

从目前的考古材料来看，两广地区出土玉器的先秦时期墓葬并不多，所出玉器总数约100件，均为小型玉器，一般是玦、环、管饰和各种玉片等，器型简单，制作也较粗糙，这表明岭南地区在先秦时期使用玉器并不普遍，不存在发达的玉器制作业。有一种看法认为，秦军进攻岭南时，军士中有身怀绝技的玉工，赵佗建立南越国后，这些作为士兵的玉工就留在了当地。这种看法实际上缺乏根据，因为南越王墓的玉器并非一般玉工所能制作出的，应为宫廷玉匠所制，而宫廷玉匠的数量是极有限的，充军作战的可能性很小。据《史记·秦始皇本纪》记载，进攻岭南的秦军主要由"逋亡人、赘婿、贾人"组成，并未提及匠人。即使个别技艺高超的玉匠留在岭南，在当地极为落后的生产力条件下也难以制作出高水平的玉器。南越王墓玉器的来源迄今为止还是一个悬而未决的问题，部分玉器曾经过分析测试，但鉴定报告并未指出玉料的确切产地。综上所述，南越国并不具备大规模生产玉器的条件。当然，南越国可能也与中原内地诸侯国一样，拥有自己的玉器作坊，但这种作坊限于规模只能进行一些简单玉器的制作和加工。

既然南越王墓玉器不是在当地制作的，那么它的来源只有一个，就是从制玉发达的中原内地输入的。汉朝廷既然封赵佗为南越王，就以诸侯王的礼遇来对待他，连赵佗自己也说汉朝廷"赐老夫者厚甚"，在大量的赏赐物中自然也包括了精美的玉器。汉高祖刘邦去世后，吕后独揽朝政。她看到南越国虽地处偏远，但它的强盛对汉边境多少是个威胁。于是，她下令禁止在南越国与汉边境上进行铁器交易。这个诏令激怒了赵佗，他派兵攻打北邻汉长沙国，并自称南越武帝，与汉王朝分庭抗礼，导致双方关系恶化。汉文帝即位后，赵佗主动除去僭越的帝号要求改善双方关系，汉朝廷虽答应了赵佗的请求，但从此后始终对南越国怀有戒心，不再给予丰厚的赏赐，南越国长期处于半封闭状态。

因此，南越国统治者拥有的玉器，大多数应在汉与南越保持良好关系的时期，确切地说是在刘邦封赵佗为南越王的公元前196年至赵佗称帝的前183年之间。

纵观南越王墓玉器，我们可以看出这些玉器具有非常明显的战国玉器风格，许多玉器的造型与战国玉器无异。由此我们可以认识到这样一个重要史实，即西汉早期仍在流行战国风格的玉器。西汉初年，社会经济历经战乱十分凋敝，国力虚弱，在这种条件下，汉朝廷不太可能耗费大量的人力、物力去制作如此精美的玉器，而很可能是利用了遗存在府库中的战国玉器，并将它转赐给南越王。

汉武帝时，国力空前强盛，而南越国却日趋衰落。公元前112年，武帝发兵10万，水陆并进杀奔岭南。经过一年多的艰苦激战，汉军攻下番禺城，延续了92年的南越国就这样"灰飞烟灭"了。

南越国共有五王，除后两王死于非命外，第一代武王赵佗、第二代文王赵眜和第三代明王赵婴齐都为自己修建了陵墓。后人盛传南越王的陵墓藏有无数奇珍异宝，据说赵佗的陵址十分诡秘，无人知晓。发丧时，灵车从四个城门而出，以迷惑市人。三国时，东吴君主孙权寻南越王墓，结果只掘开了赵婴齐墓，连赵佗墓的影子都没找到。今天来看，赵眜的陵墓的确非常隐蔽，如不是在象岗山上施工，从外表上根本看不出来。赵眜墓能出土如此多精美的玉器，那么寿命百年的赵佗在自己的陵墓中一定随葬有更多的玉器，我们期待着这些湮没两千多年的宝藏能重见天日。

皇家玉玺

秦代以前，印章是用金、玉、银、铜制成，称"方寸玺"，人人皆可佩带。秦以后，只有皇帝的印章独称玺，专以玉制成。玉印章造型的不同，体现了拥有者的身份和社会地位。

秦始皇统一六国后，令良工用蓝田山美玉制成玉玺，据称玺纽雕如龙鱼凤鸟，刻有丞相李斯以大篆书写的"受命于天，既寿永昌"八字，称为"传国玺"（图 246）。从此"传国玺"开始了它富有传奇色彩的经历。

图 246 制成"传国玺"的蓝田山美玉

图 247　曾演绎过王莽得失"传国玺"的地方——汉长安城未央宫遗址

相传秦始皇巡游至洞庭湖，风浪大作，乘舟将覆，急投玉玺于湖中，于是湖面风平浪静。8 年后，秦始皇出行至华阴，有人忽拦于道中，对始皇随从说：请将此玺还给祖龙（秦始皇的代称）。言毕便不见踪影，"传国玺"复归于秦。

秦末天下大乱，汉高祖刘邦领兵率先攻入关中，秦亡国之君子婴将此玺献给了刘邦。刘邦经过大小百余次血战，击败对手西楚霸王项羽，赢得了楚汉战争的胜利，建立起汉王朝。刘邦即皇位时，就佩带着"传国玺"。西汉时，"传国玺"一直存放在长乐宫内，成为皇权的象征。西汉末年，大司马王莽独揽朝政，他急于篡夺皇位，逼迫太后王氏交出"传国玺"。王太后眼见刘氏江山将落入王莽手中，却又无奈，一气之下，将玉玺掷于地，玉玺上雕刻螭虎被崩落一角，后以金镶补（图 247）。

王莽佩玺继皇位后，屁股还没坐稳，就爆发了农民起义。农民军立刘玄为更始帝，更始军率先攻入长安。王莽见大势已去，携带"传国玺"仓皇逃窜，被更始士兵追上杀死，截得玉玺。这时，另一支农民军赤眉军也进入长安，赤眉军立牧牛童刘盆子为帝。更始帝自知不是赤眉军的对手，只得奉玺投降。后来，刘盆子又献玺于刘秀，刘秀重建汉王朝，此玺又传于东汉诸帝。

图248 孙坚捧着"传国玺"大喜道：天下大乱，人人可做帝王，天把宝物赐给我，我还待在这里干什么！便决意回江东去图谋大事。

东汉末年，奸臣董卓擅权作乱。天下豪强在袁绍、袁术率领下合兵讨伐董卓，都城洛阳一片混乱，董卓弃城逃往长安。孙坚率兵驻扎于洛阳城南宫殿中，见一口井内闪现五色光，便命士兵点火把下井打捞，不想却捞出一具妇人尸首，项下带一锦囊，打开一看，内有朱红小匣，用金锁锁着。启开小匣，里面有一玉玺，上有篆文八字"受命于天，既寿永昌"，玺旁缺一角。孙坚知此玺为"传国玺"，便做起登基的美梦（图248）。没想到他手下有一个士兵与袁绍是同乡，将此事报告了袁绍。袁绍正有僭越帝位之心，当然想据有"传国玺"。他令人扣押孙坚妻子，孙坚被逼无奈，只得交出玉玺。后来，袁氏兄弟在与曹操争霸中败死，"传国玺"又归于汉献帝。

东汉亡后，"传国玺"归于曹魏和西晋。此后，北方陷于五胡十六国分裂动荡局面，"传国玺"几经辗转，又落入东晋征西将军谢尚之手，谢尚把它献给了东晋朝廷。南朝梁武帝时，降将侯景反叛，攻破宫城，劫得"传国玺"，不久侯景败死，其部将侯子鉴将玺投入栖霞寺井中，寺僧永行将玺捞出收存，后其弟子将玺献于陈武帝。

隋灭陈后，再次拥有此玺。隋、唐两代，"传国玺"仍被统治者奉为至宝。朱温篡唐后，"传国玺"又遭厄运。后唐废帝李从珂被契丹击败，登楼自焚，玉玺也遭焚烧，下落不明。直至北宋哲宗时，咸阳人段义将其献出。金兵南侵时，又将玉玺掠走，后归入元朝廷。明灭元时，蒙古部落将玺携至漠北。自此"传国玺"不知所终。

在"传国玺"流传的一千多年间，它一直被历代统治者视为守国之宝，正所谓"得宝即得国，失宝即失国"。但得玺者不一定都能交上好运。后唐庄宗得魏州僧献"传国玺"，仅三年便死于兵乱之中。宋哲宗得玺改年号为元符，仅两年而驾崩。宋徽宗即位后，天下遂乱，与玉玺共被金兵掳至北国。元世祖忽必烈得玺之年即死于元大都。在这颗小小的玉玺上反映的是一幅幅朝代更迭，祸福交织的历史画面。

　　读者不禁要问：既然"传国玺"是稀世之宝，那么它究竟是什么样的呢？关于这个问题，我们可以在出土的汉代玉器中找到答案。秦虽短暂存在 15 年就灭亡了，但它所建立的统治制度对后世影响很大，特别是西汉早期，"汉承秦制"的特点十分明显。陕西历史博物馆藏有一件西汉"皇后之玺"，高 2 厘米，宽 2.8 厘米，以和田白玉制成，温润晶莹，光泽柔和。玉玺纽作浮雕螭虎形，玺体为四方体，侧面阴刻勾连云纹，玺文阴刻篆书"皇后之玺"四字（图 249）。这件玉玺是迄今发现的唯一一件汉代皇后的玺印，对研究汉代帝后用玺制度具有重要的参考价值，弥足珍贵。东汉卫宏《汉旧仪》曰："皇帝六玺，皆白玉，螭虎纽。文曰：皇帝行玺、皇帝之玺、皇帝信玺、天子行玺、天子之玺、天子信玺，凡六玺。""皇后玉玺文与帝同。皇后玉玺，金螭虎纽。"玺纽为虎形，是因为虎为百兽之长，"取其威猛以执伏"。该玉玺的玉质、形制和玺文与卫宏所述完全吻合，可见它应是汉代某位皇后所用玺印，由于皇后的玉玺形制与皇帝相同，因此我们由此推测汉代皇帝玉玺的形制也应与此玺一致。汉代螭虎纽玉印也见于西汉早期诸侯王墓中，如广州南越王墓出土 1 颗螭虎纽玉印，刻"帝印"二字（图 250）；满城中山王刘胜墓出土 2 颗螭虎纽玉印，未刻印文（图 251）。南越王曾僭越称帝，故仿汉帝印玺制度，但玉质较粗。刘胜的身份为诸侯王，而西汉早期诸侯国百官制度如同京师，拥有螭虎纽玉印不足为奇，但这些玉印仅具象征意义，未刻印文，没有实用价值，

图 249　西汉"皇后之玺"

图 250　南越王墓出土的螭虎纽玉"帝印"

图 251 满城汉墓出土的螭虎纽无文玉印

而且也非白玉制成。

这颗"皇后之玺"能够重见天日，还有一段不同寻常的经历。1968 年冬季的一天早晨，陕西咸阳韩家湾村的 12 岁的小学生孔忠良，来到村旁的狼家沟，想捡些废铜铁卖钱。狼家沟是渭河北面塬上的一条冲积沟，长约 1 里，宽约 30 米，最深处达 5 米，周围有一些汉陵的陪葬墓和俑坑（图 252）。夏

图 252 "皇后之玺"出土的地点——狼家沟

季每遇大雨时，北边地势高的雨水便汇集到沟中，形成湍流。当地村民经常在沟中见到汉代陶器碎片和陶俑残块。当孔忠良沿着沟底漫无目的地寻找时，突然发现荒草中有一个白色的东西在闪亮，他急忙拾起一看，是一件小玉器，上面伏一只兽，下面隐约可见刻的字（图 253）。孔忠良并不认识上面刻的字，但觉得小兽雕刻得挺可爱，就把它带回了家。孔忠良把这件东西给家里人看时，他父亲孔祥发有一些文物知识，认为这是一颗古代印章。孔忠良的哥哥会刻章，想把这件玉印锯截成四份做印章，但孔祥发不同意，

图 253 情景再现：小学生孔忠良捡到了"皇后之玺"

觉得应该搞清楚上面究竟刻的是什么再说。他拿着玉印给左邻右舍看，有人认出了"皇后"两字。孔祥发决定亲自去西安请教文物专家。

当时从韩家湾村到西安还没有公路，要进城只能靠走路。孔祥发怀揣玉印带着干粮，一大早就上路赶往西安。他一口气走了 5 个多小时，终于来到了西安碑林。那时陕西省博物馆还在碑林，当博物馆的专家仔细端详这颗玉印后，认出了上面刻的是"皇后之玺"四个字，断定这是一件罕见汉代皇室遗物，并动员孔祥发将它捐献给国家。孔祥发弄清楚了这件玉印的来历后，很爽快地答应了专家的要求，把玉印捐给了博物馆，博物馆则给他 20 元钱作为奖励。后来，《文物》还发表一篇简报介绍了这件玉玺。

时隔 34 年后，2002 年笔者来到韩家湾村寻访孔忠良及考察玉玺的出土地点。当笔者向村民打听孔忠良家时，他们几乎都知道孔家父子捐玉玺的事情。见到孔忠良时，笔者无论如何也想象不到站在面前的这位 46 岁满脸风霜的汉子，就是当年捡到国宝的少年孔忠良，而他的父亲孔祥发已在 1996 年去世了。提起当年捡玉玺的事，孔忠良十分兴奋，领着笔者来到狼家沟玉玺出土地点，一五一十地讲述了发现玉玺的经过（图 254）。现在的狼家沟地貌同当年相比已发生了变化，由于沟北修建了"宝鸡峡引渭灌溉总干渠"，阻挡了夏季洪水，狼家沟成了干沟，沟

图 254 时隔 34 年后，孔忠良讲述发现"皇后之玺"的经过

图 255 从狼家沟眺望长陵

内已被开垦为农田。孔忠良还说，他曾到省博物馆看过这件玉玺，稍感遗憾的是当时博物馆没有颁发奖励证书一类的东西留作纪念。说到这里，他脸上露出了关中农民那种憨厚的笑容。

直到现在，学者都认为这件"皇后之玺"是属于汉高祖刘邦的皇后吕雉的，当地村民也称之为"吕后印"。从地理位置来看，在西汉诸陵中，狼家沟位于汉高祖的长陵和汉惠帝的安陵之间，而离汉高祖长陵最近，仅有约 2 千米之遥。从玉玺出土地点向东可以清晰地望见长陵高大的坟冢（图 255）。但当地文物干部告诉笔者，狼家沟离长陵虽近，但它却在安陵陵区范围内。笔者观察到，玉玺的出土位置比长陵和安陵都更靠北，也就是说，如果雨水自然冲刷的话，是不可能将玉玺冲到狼家沟的。笔者推测这应是有人携带此印经过狼家沟附近时遗失的，其历史背景与汉陵被毁有关。西汉末年，绿林、赤眉军攻入长安，遍掘汉陵。当时长陵与安陵的陵园相互毗邻，掘墓士兵载着墓内随葬品往来其间，这颗玉玺就是在这时被带出陵墓或陵园寝殿，并遗落在狼家沟附近的。

前面提到王太后怒摔"传国玺"，崩落玉玺上所雕螭虎一角，说明"传国玺"的造型应与汉代皇帝、皇后之玺相同，或许在尺寸上有所差别。

玉衣之谜

　　1968 年，考古工作者在河北满城的一座小山丘上，发现了中山靖王刘胜和他的妻子窦绾的墓（图 256）。在刘胜和窦绾棺内的尸体位置上，分散着许多小玉片，它们究竟是做什么用的呢（图 257）？经过考古工作者的精心修整和研究，终于复原出两套完整的玉衣。

　　玉衣是汉代皇帝、诸侯王和高级贵族死后的殓服。史书中称"玉匣""玉柙"，但它的形状究竟是什么样的，从汉代以后就无人知晓了。刘胜和窦绾的玉衣使我们第一次看到了玉衣的真面目，从而解开了这个千古之谜。

　　这两套玉衣的外观和人体的形状一样，分为头部、上衣、裤筒、手套和鞋 5 大部分，各部分都由许多长方

图 256　中山靖王刘胜墓墓门

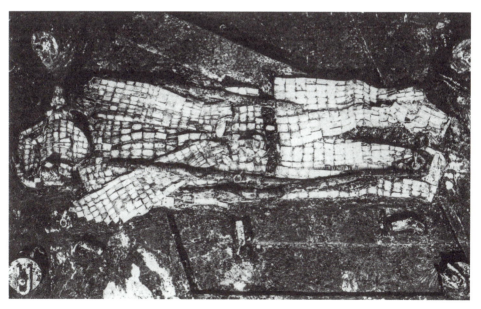

图 257　满城汉墓玉衣出土时的情景

图 258　刘胜的金缕玉衣

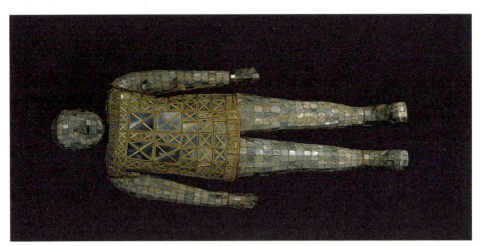

图 259　窦绾的金缕玉衣

形、三角形、梯形、圆形等玉片组成，玉片上有小的钻孔，玉片之间用纤细的金
丝加以编缀，所以又称为"金缕玉衣"。刘胜穿的玉衣形体肥大，头部的脸盖上
刻画出眼、鼻和嘴的形象，腹部和臀部突鼓，裤筒制成腿部的样子颇似人体（图
258）。窦绾的玉衣比较短小，没有做出腹部和臀部的形状，这可能是由于表现
女性人体与当时的传统观念相违背的缘故（图 259）。刘胜玉衣全长 1.88 米，由
2498 片玉片组成，用于编缀的金丝约重 1100 克。

　　目前发现的玉衣有 30 套左右，形制基本相同，但在使用编缀玉片的缕丝上存在着差别。除金缕外，还有银缕、铜缕和丝缕玉衣，缕别的不同反映了玉衣使用制度上的差别。

据汉代文献记载，汉代皇帝死后使用金缕玉衣，诸侯王、公主等使用银缕玉衣，大贵人、长公主使用铜缕玉衣。实际上，这套制度是东汉时才严格建立起来的，因为在东汉的诸侯王和高级贵族墓中只发现了银缕和铜缕玉衣，未见金缕。而西汉诸侯王墓出土的玉衣大多数是金缕玉衣，这说明西汉尚未形成严格的分级使用的规定。

中山靖王刘胜是汉武帝刘彻的庶兄，中山国（首府在今河北定州）的始封国君。他以荒淫奢侈而闻名，死后以隆重的仪式下葬。墓中随葬有大量精美器物，金缕玉衣仅是其中之一。

汉代文献中没有记载丝缕玉衣的使用制度，丝缕玉衣目前仅见两套，分别出土于西汉时期的广州南越王墓和云南晋宁石寨山滇王墓中，其墓主是降汉的少数民族王国国君，所以丝缕玉衣可能是汉朝廷专用来赐给少数民族国君作殓服的（图 260）。

东汉时期，除皇帝外，任何人使用金缕玉衣都是大逆不道的，地方豪强违法使用玉衣也被视为僭越行为，要受到严厉的惩处。汉桓帝时，冀州官吏赵忠在埋葬其父时，私自使用仿造的玉衣，被上司发现后，以僭越的罪名，将其父的墓掘开，陈尸于棺外，赵忠一家也被监禁起来，可见当时玉衣的使用制度是很森严的。

完整的玉衣是西汉早期才出现的，那么再早的玉衣是什么样的呢？据研究，汉代玉衣是由先秦时

图 260 滇王的玉衣

图 261 晋侯墓地出土的玉覆面

图 262 考古工作者在复原狮子山楚王墓出土的玉衣

期的"缀玉面饰"演变而来的。所谓"缀玉面饰",就是将做成眉、眼、鼻、口形状的玉石片,按一定形状排列,缀附在织物上,再覆盖在死者面部,也称"玉覆面"。有的死者身上还缝缀有玉石片。这种缀玉面饰就是汉代玉衣的雏形。在死者面部放置玉器的习俗早在 8000 年前的兴隆沟墓葬中就已出现。最早的缀玉面饰出土于山西曲沃晋侯墓地和河南三门峡虢国墓地中(图 261)。战国时期,缀玉面饰成为一种颇为流行的丧葬用玉。江苏徐州狮子山楚王墓出土的一套金缕玉衣,时代为西汉景帝时期,是目前所见最早的完整玉衣,由 4000 多片玉片组成(图 262)。玉衣片形小而薄,用料讲究,磨制极精。徐州北洞山西汉早期楚王墓出土的玉衣片为凸字形,似鱼鳞,反映出当

时玉衣虽已成形,但玉片的形状多种多样,并没有统一定制。直到汉武帝时,有些诸侯王还在使用"玉覆面"(图 263)。汉代玉衣的形制状如铠甲,其编缀方式显然受战国甲胄造型的影响。河北邯郸战国时期赵王陵中出土有玉铠甲片,其形状和编连方式与秦始皇兵马俑坑出土的石铠甲一样,是玉衣原始的编缀方式(图 264)。相传东汉权臣董卓曾为他年仅 7 岁的孙子作玉甲一具,"玉甲"应是以玉为甲片的铠甲。这种铠甲虽然不是使用的,但多少反映出铠甲与玉衣的关系。

玉衣是中央朝廷手工业作坊统一制作的,皇帝把它作为礼物赏赐给各地的诸侯王及朝中受宠幸的大臣。当时中央设置了一个专门制作丧葬品的机构,称为东

园匠，玉衣就是在它的监督下制作的。一些玉衣片是用玉璧、玉佩等的废弃料改制而成的，说明作坊生产规模较大，除玉衣外，还出产其他玉制品。玉衣的制作是一个非常复杂的过程，所用的玉料要经过开料、锯片、磨光及钻孔等，每一玉片的大小和形状都必须经过精心的设计和细致的加工，这需要有高超的工艺技术水平（图265）。整个玉衣制作过程所花费的人力和物力是相当惊人的，据推算，汉代制作一件玉衣，约需一名玉工费10余年的功夫。

河北定州北庄东汉中山简王刘焉墓出土的部分玉衣片背面墨书"中山"二字，说明朝廷作坊的工匠们为各地诸侯王、列侯制成玉衣后，为便于区别，就将诸侯国名书写在玉衣片上。书写"中山"二字的玉衣片，表示此件玉衣主人是中山国君。定州40号汉墓墓主是西汉中山孝王刘兴，或许是他身材矮小的缘故，金缕玉衣过于肥大，因此在穿用时不得不把裤筒下部过长的部分拆下，垫盖在他的腹部上下。由此可见，汉中央玉器作坊制造的玉衣是按统一规格制作的。

图263 汉代济北王墓出土的玉覆面

图264 邯郸赵王陵出土的玉甲片

图265 南越王墓出土的各种形状的玉衣片

河北邢台南郊汉墓和山东五莲张家仲崮汉墓中，发现有雕刻花纹的玉衣片。纹饰为柿蒂纹或云纹，有的纹饰镶嵌金丝、金箔片。这些刻纹玉片使我们联想到汉武帝使用"蛟龙玉匣"的记载。据《西京杂记》记述，汉武帝的玉衣"镂为蛟龙鸾凤龟麟之象，世谓之蛟龙玉匣"。在玉衣片上雕刻花纹，一方面是加强装饰效果，有华贵之感，另一方面也反映了墓主高贵的身份。

玉衣的出现与流行，是与当时社会经济的发展及丧葬观念的变化密切相连的。西汉时，经过"文景之治"，汉武帝时国力大大增强，"京师之钱累巨万，贯朽而不可校。太仓之粟，陈陈相因，充溢露于外，至腐败不可食"。于是，统治阶级的生活日益奢侈腐化，生前穷奢极欲，死后则实行厚葬，在丧葬制度方面也有明显的变化，战国和西汉早期的长方形木椁墓逐渐为仿生人宅院的洞室墓所替代，随葬品也多为日常生活用具及宅楼庭院等模型。玉衣就是在这种厚葬之风日甚的背景下出现的。

汉代统治者使用玉衣的主要目的是为显示其尊崇的社会地位，并相信玉衣可保尸骨不朽。据《后汉书·刘盆子传》记载，西汉末年赤眉军掘开汉陵，看到用玉衣殓葬的尸体"率皆如生"，这当然是毫无根据的传说。中山靖王刘胜和窦绾的玉衣内，除残留几颗牙外，尸骨早已化为泥土。

图 266 被盗掘一空的汉代大墓

东汉灭亡后，社会处于分裂和动荡之中，厚葬的风气逐渐衰落，统治者也无力再制作玉衣殓葬。在兵荒马乱的形势下，汉代帝陵都被盗掘一空（图 266、267）。盗掘者取出金缕玉衣加以焚烧，尸骨也一并化为灰烬。

图 267　被砸碎的汉代玉璧

有鉴于此，曹魏黄初三年（222 年），魏文帝曹丕下令禁止使用玉衣，从此玉衣殓葬制度便在历史上销声匿迹了。

企求不朽

葬玉是专用来为死者送葬的玉器。古人认为玉器有特殊的功效，施覆于人体各部位可以保护尸体，防止腐朽。西晋葛洪在《抱朴子》中说："金玉在九窍，则死人为不朽。"这话道出了当时人们使用葬玉的目的。

葬玉主要包括玉衣、口琀、玉握、九窍塞、玉枕、玄璧和镶玉棺。在前面已详细讲述了玉衣的情况，这里主要介绍后几种玉器的使用情况。

口琀又称"饭含"，是放在死者口中的玉器，如《说文解字》所言："琀，送死口中玉也。"除玉琀外，文献中还见有以米、贝、珠等做口含的，它们在使用上有等级的差别。例如，《春秋公羊传》何休注曰："天子以珠，诸侯以玉，大夫以璧，士以贝，春秋之制也。"考古发掘中曾见有口含贝、珠的人骨，但没见到以米为含的墓葬，这大概是由于米粒不易保存下来的缘故。使用口琀的目的，是古人相信人死后灵魂不灭，而口腔是五脏六腑与外界联系的主要途径，所以古人非常重视往死者口中填充物品，希望死者在阴间能像在人世上一样饮食，也企求以玉石质坚色美的特性来保护尸体不化。

握，又叫"握手"，也就是说，是握在死者手中的东西。所握的东西，按《仪礼》的叙述，就是用长一尺二寸，宽五寸的黑色织物包裹东西，握在死者手中，并用丝带捆紧。从考古资料来看，的确有用织物作握的墓葬，而且都在南方。湖北江陵马山战国时期的一号楚墓中，墓主的双手各握有一件长条状绢团，左手的中指套入系住绢团的丝带中，其姿势与《仪礼》所述握法相同。湖南长沙马王堆一号墓的墓主双手各握有一个香囊。但在中原地区先秦墓葬中，常常可以见到死者手中握着的是贝和玉石，而尚未见到握有织物的，相反在南方的楚墓中也没有见到以贝和玉石作握的。这一方面可能是楚地缺少玉和美石，另一方面由于保存条件的不同，南方楚墓中的织物大多能完好地保存下来，而中原地区的则因年代久远而不存。玉握常成对出土于人骨架手部或腹部，大概还有象征财富的含义。

口琀、玉握早在新石器时代就出现了。在山东胶县三里河大汶口文化墓葬中，有 32 座墓的墓主人手中握长条形蚌器、獐牙、玉镞形器和骨镞；有 12 座墓主人口中含玉琀，琀的形制也为镞形玉器。这种玉镞形器通体磨光，长 2.5 ～ 4.5 厘米，一端有孔，常被当作装饰品使用。三里河龙山文化墓葬中，有两座墓的墓主含玉琀，1 件为弧形玉器，另 1 件为残镞形玉器。上海青浦崧泽文化墓葬中出土 3 件玉琀，分别作扁平圆形、璧形和鸡心形，玉质均为墨绿色（图 268）。玉中央均有穿孔，原应作装饰品之用，特别是璧形玉琀，与其他墓所出小玉璧相似。崧泽文化以玉为口含的传统，应源于这一地区时代更早的北阴阳营文化。在南京北阴阳营遗址的墓葬随葬品中，有一些产于雨花台等地的玛瑙石子，质地多为玉髓，色彩斑斓，花纹绚丽，其中有一部分放在死者口中。这些玛瑙石子以及用作玉琀的璧形鸡心形玉器，最初被人们视为"彩石"，人们采集或制作它们的初意是用来观赏或装饰，只是在殓葬死者时才将它们作为珍贵之物放入口中。殷商时期，以玉为口含的现象多集中于河南安阳殷墟，玉琀种类有玉蝉、玉鱼、短玉管、玉珠和长方形玉饰，均有穿孔。除握玉外，死者手握海贝埋葬是很盛行的葬俗，海贝一般分放于两手或分放于手、足，以2至3枚为多见。从上述情况来看，握玉的现象比含玉要少得多，这可能是当时人们对于口中含物很重视，而玉握则是在葬玉礼制化后才流行起来的，而且玉

图268 崧泽文化玉琀

握出土于人骨手部，在实际考古工作中很难将它与系于腰腹部的佩饰区别开。

西周至春秋战国时期虽然还沿袭商代以玉饰作琀、握的习俗，但已经大量出现专用于送葬的玉琀和握。玉琀以碎玉石片、小石子、石贝和微型玉雕为主，大多数人骨口中的玉数量较多，目的是充盈死者的口腔。碎玉石片都是有意识地将完整玉饰砸碎而成的，说明此时人们已经人为地制作玉琀。湖北随州曾侯乙墓死者口中的玉琀，是由21件大小如豆的动物形玉雕组成，其造型有牛、羊、猪、狗、鸭、鱼等，均为圆雕，通体抛光，色泽晶亮（图269）。这些玉雕动物形态都很逼真，如将它们摆放在一起，则给人一种情趣盎然、栩栩如生的感觉。

玉握最常见的是圆柱形，中央多有穿孔（图270），还有的圆柱体制成腰鼓形，更便于把握。有意思的是在甘肃灵台县的一座东周墓葬中，出土了两块碎玉，它

图269 曾侯乙墓出土的微雕动物玉琀

图 270 曾侯乙墓出土的柱状玉握

是用一件玉片敲成两片，一片含在墓主口中，另一片握在手里。可见在战国时期，玉握的样式并没有统一的规定。

西汉早期的玉握，也是形制各异，如南越王赵眛手里握的是一对玉觿（图 271），而中山靖王刘胜则是握一对由玉璧改制成的璜形玉（图 272）。从西汉中期（汉武帝晚期）开始直至东汉、魏晋，玉琀和玉握的形状就基本固定下来了。玉琀的形状为蝉形，用白玉制成，通体磨光，有玻璃光泽。蝉长约 6 厘米，宽约 3 厘米，双眼凸出，头和双翼均以阴线刻出（图 273）。蝉形玉琀与人舌大小相同，因此也被称为"押舌"。为什么要用玉蝉做玉琀呢？这是一个很有趣的问题。古人认为蝉只饮露水而不吃东西，是一种清高洁雅的昆虫。人死后，其灵魂离开尸体，正如蝉从壳中蜕变出来时一样，所以古人以蝉为含的

图 271 南越王墓出土的玉握为一对玉觿

图 272　满城汉墓出土的璜形玉握

图 273　汉代蝉形玉玲

图 274　西汉猪形玉握

图 275　东汉猪形玉握

寓意可能在此。还有一种解释，汉人用玉蝉做口含，是受这种昆虫循环生活的启发，从蝉蜕转生而领悟到再生，因此就给死者含蝉寓暂死之意，希望死者能够复活和再生。玉握的形状是卧猪形。最早的猪形玉握出土于山东巨野西汉昌邑哀王刘髆墓中（图 274）。西汉猪形玉握与东汉的区别在于：一是西汉猪的形象雕琢较真实，常刻画出细部，而东汉将猪雕成长方体形，以寥寥数道刻画出猪的特征；二是东汉玉猪嘴下和尾上各有一个小穿孔，而西汉则没有（图 275）；三是西汉玉猪皆作卧状，而东汉除卧状猪外，还有作站立式和奔跑式的（图 276）。北齐颜之推在《颜氏家训》一书中，告诫家人为他薄葬，并特地叮嘱在他死后安葬的物品中不要有"玉豚"等葬器，可见玉猪在当时是必不可少的葬玉。魏晋南北朝以后，随着中国古代以礼制为中心的用玉制度衰落，用于殓尸的丧葬用玉逐渐消失，

图276 东汉站立式猪形玉握

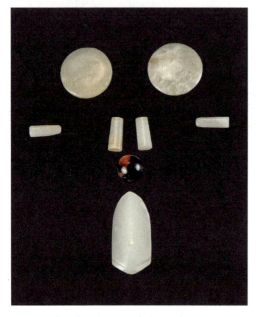

图277 汉代玉窍塞之眼盖、鼻塞、耳塞、口琀

而玉琀和玉握作为一种流行的葬俗已不复存在。

窍塞是专用来堵塞死者身体上"九窍"部位的玉器。"九窍"指的是双眼、双耳、鼻孔、嘴、肛门和生殖器,古人认为堵住这"九窍",可防止人体内精气外逸而使尸体不朽。春秋战国时期的墓葬中,就零星出土过耳塞、鼻塞和肛门塞,而完整的九窍塞则见于西汉中山靖王刘胜夫妇墓中。刘胜的九窍塞包括眼盖、耳塞、鼻塞各两件,口塞、肛门塞、生殖器罩盒各一件,共九件。西汉中期到东汉,是窍塞最为流行的时期(图277)。

玉枕也是专为死者制作的特殊葬玉。流行于汉代。玉枕的构造有三种:一种是用长条形玉版嵌钉而成,结构比较简单,没有华丽的纹饰。另一种是用长方形大玉块制成,枕面做出凹坑,以纳死者的头,枕体上遍饰云纹(图278)。还有一种则在铜制或漆木制长方形枕体表面镶嵌各种形状的玉饰,这种镶玉枕出土较多,造型别致,装饰华丽(图279)。

玄璧是一种深绿色或青色的玉璧,璧面上一般阴刻两周纹饰带,内周为蒲纹或涡纹,外周刻兽首或凤鸟纹,还见有三周纹饰带的玄璧(图280)。这种玉璧一般成组放置于墓主尸体的前胸和后背,有一定的排列方式,并以织带相连接,然后又在玉璧表面普遍粘贴一层织物，把前胸和后背的玉璧各自编联在一起（图 281）。有些玄璧的表面还可看出织带的痕迹。《周礼》说："疏璧琮以殓尸。"说明以璧殓尸的习俗起源很早。良渚文化的大墓中，往往出土许多素面大玉璧，如浙江余杭反山 23 号墓出土玉璧多达 54 件。玄璧专作葬玉之用，最早见于山东曲阜鲁国故城东周墓中。4 号墓棺内死者身上从头至足放 9 件玄璧，身下垫 8 件玄璧。58 号墓棺内死者身上身下也各置一层玄璧（共 16 件）。西汉中山靖王刘胜前胸和后背共放置 18 块玄璧。在死者身上放置玄璧有何意义呢？我们从长沙马王堆一号汉墓的帛画中可以清楚地看到，表示人世和阴间分界的，是一件饰有涡纹的大玉璧和两条穿璧而过的龙（图 282）。很多汉代画像石墓里也可见到穿璧纹。这说明玄璧是用来表示阴阳相隔之意，包裹在玄璧内的死者就算到达阴间了，而玄璧中央的孔似乎是为死者灵魂出入的通道。

镶玉棺经常出土于汉代诸侯王墓内，应是皇亲国戚表示身份的

图 278 汉代云纹玉枕

图 279 汉代镶玉鎏金铜枕

图 280 汉代玄璧

图 281　汉代玄璧的排列方式

图 282 长沙马王堆一号墓帛画中的玄璧是表示人世和阴间分界的

图283 战国中山陵出土的饕餮虺龙纹石板

葬玉之一。早在春秋时期就已经出现"雕玉之棺"一词，文献记载秦始皇的棺椁表面装饰了各种绚丽的珠玉。考古发现的镶玉棺都是在髹漆木棺上镶贴或镶嵌玄璧、玉版。例如，河北平山战国中山王陵6号墓棺椁上镶嵌有方形饕餮虺龙纹石板，这种习俗在燕、赵地区很流行（图283）。江苏徐州狮子山西汉楚王墓出土的镶玉漆棺，长2.8米，高、宽各1米，镶三角形、菱形、长方形、正方形玉版2000多片，组成各种几何纹图案，华丽异常（图284）。河北满城中山靖王王后窦绾墓出土的镶玉棺，则是在棺内壁镶贴192块青玉版，外

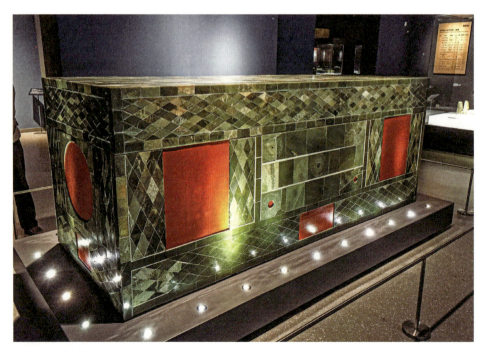

图284 狮子山楚王墓出土的镶玉漆棺

表镶嵌青玄璧 26 块，青玉圭形饰 8 件，也很壮观（图 285）。《后汉书·王乔传》记载，王乔为叶令时，"天下玉棺于堂前，吏人推排，终不能动。乔曰：'天帝独招我邪？'乃沐浴服饰寝其中，盖便立覆"。这是汉代人相信玉棺与玉衣一样，能使死者尸体不朽，灵魂升天思想的反映。

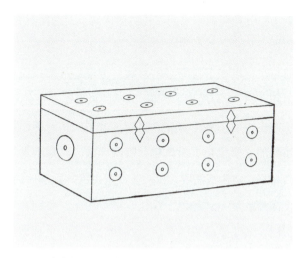

图 285 窦绾墓出土的镶玉棺

古风衰微

自商代和西周以来，中国古玉的制作和使用逐渐形成了完备的制度，这种用玉制度在战国至汉代发展到鼎盛时期，也可以说是中国古典玉器时期，其特点是玉器使用的制度化，纹饰充满神秘色彩以及造型上远离世俗。常言道"物极必反"，任何事物达到极盛都必然走向衰落，从东汉末年开始，经三国两晋到南北朝时期，中国玉器的发展从顶峰跌到了低谷。

造成玉器工艺衰落的原因是多方面的。第一，从东汉末年开始，天下大乱，豪强争霸，战争频繁。在社会政治动荡和军阀割据的分裂局面下，社会经济凋敝萧条，手工业也不例外，这极大地阻碍了琢玉业的发展。另外，中原的动乱削弱了内地政权对西域的控制，在西域和河西走廊纷纷建立了许多小国，控制了"丝绸之路"，使内地无法得到西域的和田玉，玉料来源无法保证。第二，玄学和佛学的流行冲击了传统的儒家礼制艺术。在南方，东晋和南朝的统治者热衷于超脱世俗的玄学，崇尚清谈、提倡放达的社会习俗蔚然成风，而烦琐礼法逐渐衰退。在北方，许多封建政权都是少数民族建立的，而他们本是游牧民族，进入内地后无法吸收和照搬原来的汉礼制的内容。无论在南方还是北方，佛教思想广为流行，其教义为社会各阶层所接受，成为民众一种新的精神支柱，以上种种社会背景，都与汉代以来玉器繁杂的器种、神秘的纹饰以及用玉制度相抵触。第三，在丧葬制度方面，薄葬代替了厚葬。厚葬的风气是在汉代形成的，绵延400余年，汉代人"事死如生"，在随葬物品方面极尽奢华。从三国时期开始，墓葬的规模大大缩小，随葬的玉器也趋于简单化。第四，这一时期玉器制作和使用的衰退，并不意味着当时不存在用玉制度。在一些帝王贵族的大墓中仍有少量的玉器出土，但在造型、纹饰和数量上远逊色于汉代。迄今为止，我们对这一时期的用玉制度还缺乏全面认识，最主要的原因是这个时期的墓葬几乎都被盗掘一空，使原本不多的玉器所剩无几，出土位置凌乱，器物也残缺不全，无法认识王室玉器工艺及使用的全貌。

东汉末年玉器的使用情况以安徽亳州曹氏宗族墓地为典型代表。

曹氏是东汉沛国谯郡（今安徽亳州市）的一大家族，古代著名的军事家、政治家、文学家曹操生于这个家族。现亳州市南郊有曹操宗族墓地，南北长约5千米，东西3～4千米，为其祖、父辈诸人的墓葬（图286）。20世纪70年代以来，

图286 亳州东汉曹氏宗族墓地

图 287　曹腾墓及墓门

考古工作者先后在这一地区发掘了一批东汉晚期墓葬，出土了丰富的玉器，为研究这一时期的用玉制度提供了珍贵翔实的资料。

东汉谯郡曹氏家族中始见于史书者是曹节，但仅是一个仁厚的老实人，并无显赫地位。曹氏家族的发迹，是从曹腾开始的。曹腾是曹节的四子，字季兴，以宦者入宫。顺帝在东宫为太子时，邓太后认为曹腾年少谨慎宽厚，让他陪同皇太子读书，因而与太子关系密切。顺帝即位后，曹腾官至中常侍。桓帝时，腾加封为费亭侯。曹腾在朝为官长达 30 余年，历事顺、冲、质、桓四帝，深受重用，地位显赫。东汉宦官养子成风，曹腾养子曹嵩，即曹操的父亲，灵帝时用财宝巨资贿赂买官，位至太尉。东汉宦官常常一人得势，兄弟子侄以至亲友做官者甚多。从曹腾起，曹操宗族中做大官的就多起来了。因此，曹操宗族墓地的形成，大概是从曹腾在世时开始的（图 287）。

目前已发掘的曹操宗族墓地墓葬约 20 座，时代当属东汉桓、灵、协和献帝之朝，即公元 2 世纪中期至 3 世纪初。同中原地区的东汉墓一样，这些墓葬均被严重盗毁。很多墓葬并不是在后世被盗掘，而是在东汉末年的战乱中。曹操在与袁绍争霸中原时，设立"摸金校尉""发丘中郎将"，专门搜挖辖地内的大墓，将掘出的金银珠宝充军饷。挖墓掘宝在当时混战的局面下是很普遍的行为。曹操的父亲曹嵩在徐州躲避战乱时，被刺使陶谦所杀。曹操连自己的父亲都保护不了，更不用说家族墓地了。

曹氏宗族墓地出土的玉器，有银缕和铜缕玉衣、玉握猪、玉枕、玉刚卯、司

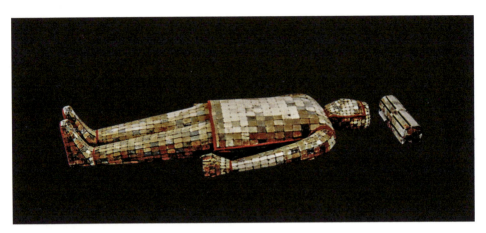

图 288 曹腾墓出土的玉衣

图 289 曹氏宗族墓地出土的司南佩

图 290 曹氏宗族墓地出土的玉刚卯

南佩等（图 288、289），还有精致的象牙雕刻品、精美的琥珀珍宝、鎏金车饰、青瓷等等，反映了当时崇丧言孝的厚葬之风，其中各种姿态的玉握猪和玉刚卯仅见于此。玉猪除卧式外，还有立式和跑式，这反映出东汉晚期玉猪形象的多样化。玉刚卯是一种佩玉，是从玺印的形状演变来的，四面刻谶语，专作避邪之用。所出土 2 件刚卯，白玉质，高约 2.2 厘米，面 1 厘米见方（图 290）。长方形，中有穿孔，可以佩戴。每件分四面，每面有字二行，每行四字，唯第一件第一行是六字，故第一件 34 字，第二件 32 字。其文如下：第一件"正月刚卯既央，灵殳四方，赤青白黄，四色是当。帝命祝融，以教夔龙，

图 291 位于安阳西高穴村的曹操墓

疠蠪刚瘅，莫我敢当"。第二件"疾日严卯，帝命夔化，慎玺固伏，化兹灵殳。既正既直，既觚既方，赤疫刚瘅，莫我敢当"。

虽然曹操先人墓葬充斥着浓重的厚葬风气，但曹操本人却坚决反对厚葬，提倡薄葬，体现出他与众不同的人生观和创新勇气。早在建安十年（205 年），曹操就下令禁止厚葬。曹操临终前还"遗令曰：敛以时服，无藏金玉珍宝"。曹操之子、魏文帝曹丕认为天下动荡不安，"汉氏诸陵无不发掘，至乃烧取玉匣金缕，骸骨并尽，是焚如之刑"，祸皆起于"厚葬封树"，并于黄初三年（222 年）"作终制曰：……饭含无以珠玉，无施珠襦玉匣"，废除了以玉衣为葬的制度。从考古发掘来看，迄今尚未发现东汉以后的玉衣。曹操墓位于河南安阳西高穴村，规模宏大，但也被盗掘多次（图 291）。曹魏时期的墓葬中，玉器出土很少，仅有河南洛阳曹魏正始八年（247 年）墓中出土 1 件素面高足玉杯，可称为精品（图 292）。可见在曹操父子积极推行薄葬措施的影响下，两汉四百余年来形成的葬玉制度逐渐衰落以至最终消失了。

　　湖南安乡县刘弘墓是西晋时期唯——一座未经盗掘的高级官僚墓葬。该墓出土有神兽纹玉樽、双龙纹心形玉佩等19件玉器，是这一时期出土玉器最多，最精美的墓葬。神兽纹玉樽高10.5厘米，直筒形，下面有三足，作熊负托状（图293）。樽身表面浮雕纹饰，上部分纹饰为螭虎、龙及乘云仙人，下部分纹饰以仙人与龙、虎与螭、龙与熊相互争斗为题材，神兽翻转起伏，气势生动。双龙纹心形玉佩长9厘米，中间心形两侧对称透雕龙纹，龙首向上，卷唇长舌（图294）。龙首上部有一个长方形穿孔，作系带用。这两件玉器具有明显的汉代器物风格。

图292 洛阳曹魏墓出土的玉高足杯

图293 西晋刘弘墓出土的神兽纹玉樽

图294 西晋刘弘墓出土的双龙纹心形玉佩

图295 北朝大墓出土的伏虎形玉佩

刘弘为西晋荆州刺史、镇南大将军、宣成公，官职较高，这批玉器反映出了他的社会地位。

　　河北磁县湾漳北朝大墓出土两件伏虎形玉佩，都已残断一半，其形状与河南洛阳金村东周王室墓所出的伏虎玉佩一样，应是战国时期的遗物（图 295）。为什么战国时期的玉器会出现在北朝墓中呢？据判断，这座大墓的主人是北齐的皇室成员。北齐是鲜卑化的汉人高洋于公元 550 年建立的小朝廷，这时北方地区已经过了数百年的战争和分裂，手工业受到严重摧残，加之北齐地盘不大，统治者很难得到精美的玉器。怎么办呢？北齐统治者便开始在境内挖掘陵墓。例如在霍州挖掘了楚夷王之女的墓冢，挖出的尸体尚未腐烂，身着玉衣，并随葬有许多玉器。高洋非常高兴，奉为珍宝。从这个事例中可以了解到北齐皇室通过掘墓而拥有一批前朝的玉器，在皇室成员死后，这些玉器也就成了他们的随葬器。

绵延不绝终辉煌（宋至清代玉器）

组佩再现

　　中国古代成套玉佩的组合形式，在战国晚期至西汉早期达到了最为繁复的程度。一整套玉佩的长度和穿缀玉件的数量都是空前绝后的，这可以从广州南越王墓和徐州狮子山楚王墓出土的玉器中反映出来（图 296）。汉武帝时期，玉佩的种类和组合形式趋于简化，这一变化清楚地显示在满城中山王墓和巨野红土山昌邑王墓出土的玉器上（图 297）。这种现象应是诸侯王势力由盛转衰的社会背景在用

图 296 南越王墓出土的玉组佩　　　　　图 297 满城汉墓出土的玉组佩

玉制度上具体表现。但佩玉（特别是成套的玉佩）制度毕竟是礼仪制度的重要组成部分，它直观地体现了佩戴者的社会地位。因此，东汉时期用玉制度逐渐完备，尤其表现在玉衣和组玉佩的使用上。《后汉书·舆服志》说："古者君臣佩玉，尊卑有度。

图 298 中山穆王刘畅墓出土的心形玉佩可能是汉明帝创立玉组佩中的"大佩"

……至孝明皇帝，乃为大佩，冲牙双瑀璜，皆以白玉。"以河北定州43号汉墓为例，墓主为中山穆王刘畅，下葬于灵帝熹平三年（174 年）。墓中出土了一套组玉佩，计有心形佩、璜、觿（冲牙）、环，皆透雕或浮雕龙纹，质地优良（图 298）。除心形佩外，均成对排列。另有玉舞人、司南佩等。这套玉佩可以说是明帝所创佩玉制度的真实写照。

东汉末年，天下大乱，佩玉制度不存。曹操统一北方后，天下初定，开始建立典章礼仪制度，佩玉制度也应运而生，其创立者便是魏人王粲。王粲，字仲宣，山阳高平人（今河南焦作）。《三国志·魏书·王粲传》："魏国既建，（粲）拜侍中。博物多识，问无不对。时旧仪废弛，兴造制度，粲恒典之。"挚虞《决疑要注》说："汉末丧乱，绝无玉佩。魏侍中王粲识旧佩，始复作之。今之玉佩，受法于粲也。"《隋书·礼仪志》云："至明帝始复制佩，而汉末又亡绝。魏侍中王粲识其形，乃复造焉。今之佩，粲所制也。"可见王粲对曹魏的典章礼仪制度的建立是起了很重要的作用，特别是他所创制的一套玉佩，成为魏晋乃至隋唐时期广为流行的玉佩式样。

从考古资料来看，魏晋南北朝至隋唐时期新出现的玉佩种类主要有：蝙蝠形、飞碟形、梯形、半圆形玉佩，玉佩上方穿孔处多作云头形；半璧形玉璜；带穿孔的玉环以及玉珠等等。玉佩均为素面，未经抛光，雕纹饰者很少，有山西寿阳北齐厍狄回洛墓出土的一件阴刻朱雀纹的蝙蝠形玉佩（图 299）。另外，山西太原北

图 299　北齐朱雀纹玉佩

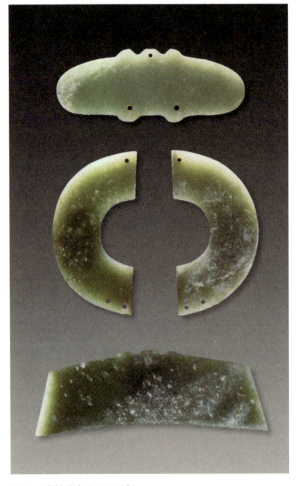

图 300　曹植墓出土的玉组佩

齐娄睿墓还出土有外缘贴金的玉佩。这些新出现的玉佩，应是王粲所创玉佩的样式。曹操于建安十八年（213 年）受封魏公，都于邺，设立官职制度，建安二十一年（216 年），晋封为魏王，魏国始建，而王粲卒于建安二十二年（217 年），因此王粲新创玉佩的具体年代应在公元 213～217 年之间。

从灵帝中平元年（184 年）黄巾起义开始，经董卓之乱、官渡之战，到献帝建安十三年（208 年）赤壁大战，三国鼎立局面的形成，中原成为群雄割据、混斗屠杀的战场。在这 20 余年间，汉中央政权摇摇欲坠，典章制度废弛，作为皇室、诸侯王和高级贵族专用的佩玉制度也无人问津了。这一阶段，大概就是挚虞所说的"汉末丧乱，绝无玉佩"的时期。山东东阿县魏东阿王曹植墓中出土的 4 件玉佩，有

飞碟形、梯形玉佩，玉璜和玉珠等（图 300）。曹植死于公元 232 年，距粲作佩仅
10 余年，这是目前所见王粲新创玉佩最早的实例。挚虞为西晋时人，他说"今之
玉佩，受法于粲也"，说明王粲所创玉佩在西晋时已很流行了。湖南安乡西晋刘
弘墓出土的组玉佩，可作为这一时期的玉佩标准器（图 301）。东晋、南北朝时期，
中原和江南地区的许多墓中都随葬有这类的玉佩。隋唐时期，玉佩形制仍沿袭魏
晋风格，变化不大。

　　这些玉佩的组合形式，可根据未经盗扰的墓葬所出土玉佩加以复原。南京仙
鹤观东晋墓为东晋名臣广陵高崧家族墓葬，2 号墓主为高崧及其夫人谢氏，6 号墓
主为高崧父母高悝夫妇。这两座墓各出土一套完整的组玉佩，为男性墓主腰部佩
挂，结构几乎一致，均由 2 珩、2 璜、1 玉冲、2 珠共 7 件组成，复原长度约为 23
厘米，每件端部有 1 ～ 4 个小孔可供穿系连接，还有数目不等的水晶、琥珀、绿
松石和料珠等缀于各佩饰构件之间（图 302）。陕西咸阳隋王士良墓出土的一套组

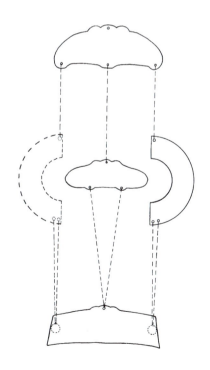

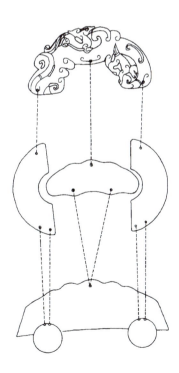

图 301　刘弘墓出土的玉组佩　　　　　　　　图 302　高崧墓出土的玉组佩

玉佩较为别致，由2件玉珩、1件玉环、1件玉冲及近200颗玛瑙、水晶珠组成（图303）。西安唐代孤独思贞墓亦出土一套组玉佩，其复原后组合形式与上述诸佩饰无大的差异，只是中间为2件较小的四孔玉佩（图304）。

　　从这些玉佩的复原组合形式中可以看出：第一，一套组佩中一般有2件玉珩，作蝙蝠或飞碟形，上下排列，上珩有4个孔，下珩有3个孔，因为上珩两端要垂系双璜，而下珩置于双璜之间，故上珩宽于下珩；第二，玉冲在组佩中体形最大，呈梯形，宽度大于上珩，目的是使从上珩两端通过双璜垂下的珠子落到玉冲之上，通过人体的摆动，相互撞击而产生悦耳的声音，其意义与古玉佩中所谓的"冲牙"一致；第三，东晋高崧家族墓出土的组玉佩是魏晋南北朝时期的标准样式，而隋王士良墓出土的四孔半圆形玉珩和带有4个相互对称小孔的玉环，则是北周时新出现的佩饰种类；第四，各佩饰之间以丝线相连，缀有玛瑙、水晶、琥珀、绿松石和料珠等，即文献所谓的"琚、瑀、琨珠"者。根据上述这些特点，就可基本确定其他被盗扰墓葬中出土的零散的玉佩件在组玉佩上的具体位置。

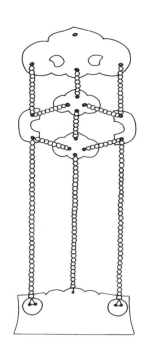

图303 王士良墓出土的玉组佩　　　　　图304 孤独思贞墓出土的玉组佩

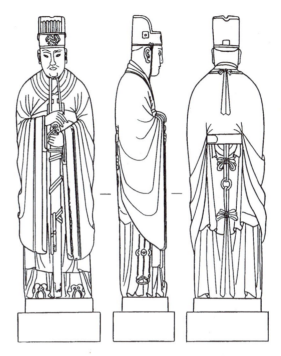

图 305 唐懿德太子墓石椁线刻女
官所戴玉佩

图 306 北宋皇陵武官石像身上雕刻的玉组佩

　　关于王粲所创玉佩的佩戴方式，从考古发掘情况来看，一般位于腰部以下，
应是佩挂于革带上，悬垂于身体一侧。唐懿德太子墓石椁线刻女官所戴玉佩也说
明了这一点（图 305）。考古发掘的墓葬的棺内都只出土了一套组玉佩，佩带者均
为男性，随葬品还有铁剑、玉剑饰等，因此可以推测墓主生前应是身体左侧佩剑，
右侧悬组玉佩。王粲创立玉佩制度的目的，无非是为"尊卑有度"，因此，只有
身份和社会地位较高的皇室成员、王公贵族和高级官僚才能使用这类玉佩。佩戴
组玉佩下葬是朝服葬的标志之一，即墓主是身着官服入棺下葬的。

　　王粲所创的这套玉佩，对后世的影响也很深远。五代南唐李景陵出土了 1 件
梯形玉冲；河南巩义北宋皇陵文、武官石像身上刻画有这种佩饰（图 306）；北京
明定陵也出土有这类组佩（图 307）。直到近代，民间流行的佩饰"玉牌子"与王
粲创制的玉佩亦有相似之处（图 308）。

　　隋唐时候的贵族将玉组佩挂戴在身上行走起来是什么样子呢？笔者以咸阳隋

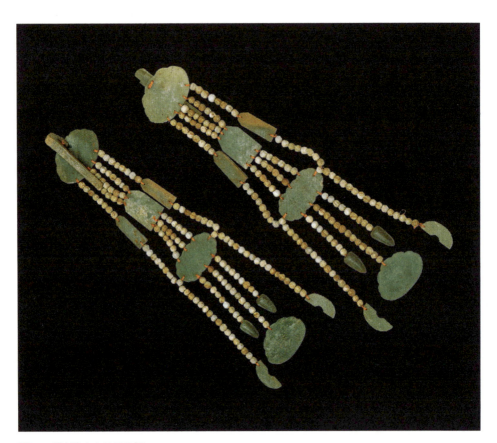

图 307　明定陵出土的玉组佩

图 308　近代民间流行的佩饰
"玉牌子"

图 309　仿制隋唐时期的玉组佩

图 310 身着霓裳、腰挂玉佩的仿唐　图 311 佩挂玉饰行走时会发出悦耳的响声
宫廷贵妇

王士良墓和西安孤独思贞墓出土的玉组佩为蓝本绘出图样，请西安市一家工艺品
商店以蓝田白玉仿制。共仿制 4 套玉组佩，佩件间以玛瑙穿缀，全长约 40 厘米，
供两人佩带（图 309）。笔者又请陕西省歌舞剧院的两名演员身着仿唐"霓裳"服饰，
腰悬仿制的玉组佩，轻步行走，一时间，摇动的佩件相互撞击发出的叮叮当当清
脆之声不绝于耳，洁白的佩件、鲜红的串珠与华丽的衣裳、高贵的头饰相得益彰，
仿佛一千多年前宫廷贵妇再现人间（图 310、311）！

写实情趣

唐宋时期，玉器雕琢突出的特点是写实性较强，颇富情趣，表现在作品题材上，
则是出现了大量人物花鸟形象的玉雕和玉带饰。

唐代人物玉雕作品多为佛教题材，主要是玉飞天人像。人物以镂空技法制成，
为飞天凌空驾云状。天女头梳发髻，上身裸露，下着长裙，跣足，一条长带飘绕
玉肩背，一手按祥云，一手托珠或执莲花。天女体态轻盈，身姿婀娜，面目慈祥，
极富飘动感（图 312）。

佛教自东汉传入中国后，经魏晋南北朝的发展，到唐代已达到极盛。与中国

图 312 唐代玉飞天

图 313 唐代玉人骑象

传统文化相结合的、具有中国特色的佛教观念，已渗透到社会各个领域中，尊佛之风十分浓厚。玉制佛教题材的作品就是在这种背景下大量出现的。据记载，最早的玉佛像是东晋瓦官寺中的"狮子国玉像"。狮子国即今南亚的斯里兰卡，这尊玉像就是从那里来的。北朝时期，雕造玉佛之风盛行，北魏、东魏及北齐的统治者都曾下令玉工雕琢大型玉佛，置于寺院中供奉，玉飞天人像是众多玉雕佛像中的一类，表现的是一种在天空中飞行的、地位较低的佛。从石窟壁画飞天像来看，早期飞天多为男性，唐代则变为女性。唐代玉飞天像塑造出的娇柔妩媚女子形象，也是现实生活中美女的写照。

在传世的唐代玉雕人像中，还有一件玉人骑象，堪称佳品。作品雕刻一头跪卧状大象，象背上骑一人，身着窄袖束腰长袍，足蹬马靴，左手置于膝上，右手甩袖于脑后。整个作品似乎表现驯象人做表演的情景（图 313）。

宋代人物玉雕主要是各种形象的童子。这些童子塑造得非常活泼生动，身着紧袖短衣，手腕带环，下穿大肥裤。玉童子形态各异，或行走，或攀枝（图 314），或舞蹈，或作飞天状，其中最常见的是执荷叶童子。

执荷叶童子玉雕造型为一个天真烂漫的童子手执荷花，举在头顶上，荷叶上刻有细细的叶脉（图 315）。这种造型的题材是受佛教故事"鹿母莲花生子"的影

图 314 宋代玉攀枝童子　　　　　　图 315 宋代玉执荷叶童子

响。传说很久以前，在波罗奈国有一座仙山，山上有一位仙人，名叫梵志。有一只雌鹿舔食了他的便溺而怀孕，后来生下一女。梵志将女孩抚养成人，梵豫国王知道后，就娶了这个女子做后妃。不久，这个女子怀了孩子，十个月却生下了千叶莲花。王后觉得很羞耻，就蒙上她的眼，不让她看，把莲花放在篮子里，扔到河里任其漂流。这时乌耆延王正带领弟子在河的下游活动，发现篮子后便捞上来，打开一看，千叶莲花的每一片叶子上都有一个小孩，后来这些小孩都成了大力士。宋人雕执荷童子，可能就有祈子平安、望子成龙的寓意。

在宋代的社会生活中，折持荷花、荷叶是当时颇为流行的一种风俗。《东京梦华录》记载，在北宋都城汴梁，每年七月七夕前几日，街道上车水马龙，人们穿着华丽的衣服，争先恐后地去折未开的荷花，提携而归，而小孩则须买新荷叶在手中，并效仿"磨喝乐"的样子。到南宋时，也保留着这种风俗。磨喝乐是一种泥制的小人，在民间和宫廷都很盛行，除泥塑外，还有用金、玉、象牙等雕刻。

唐宋以来，玉雕中出现了一种新题材，就是以花鸟为主题构图的玉器。这类玉雕往往雕琢精细，玲珑剔透，刻画景物惟妙惟肖，生机盎然，散发着浓郁的生活气息。花鸟题材玉雕的出现，与当时绘画艺术的成熟有很大关系。例如北京故宫博物院收藏的一件青玉鸟衔花佩，以镂空加阴线琢成，图案主体为一只寿带凤

图 316 唐代青玉鸟衔花佩

鸟和折枝花叶，寿带鸟口衔花叶，双翼张开，似在天空飞行，整个玉雕光滑温润，精美富丽（图 316）。

玉带饰是装饰于腰带上的玉饰件，它既是装饰品，又是实用器，到后代则代表了佩带者的身份。革带是系于袍服外面的一种代表身份地位的饰物，它同系于腰间的大带，古时称为鞶。革带上依等级不同缀有玉、犀、金、银等，其中以玉最为珍贵（图 317）。

隋唐五代宋时期，是玉革带使用最为广泛的阶段。据记载，唐高宗显庆元年（656 年）之后，"以紫为三品之服，金玉带，銙十三"。玉带之制大概是从这个时候开始的。所谓"玉銙"，就是嵌在革带上的方形或椭圆形玉板。位于革带首末两端的玉板，称为"铊尾"。一条革带上嵌钉 13 块玉板，应是唐代最高品官的象征。唐代玉带目前发现较多。从各地零散出土及传世的唐代玉銙来看，所琢刻的纹饰以蕃人形象为主，有蕃人进宝、执凤头壶、持杯、弹琵琶、乐舞、吹奏、击鼓等（图 318）。唐时，西域的于阗国大量开采玉石，制成精巧的玉器，并向唐

图 317 唐代玉带

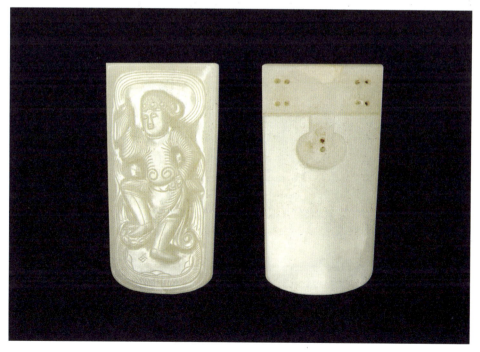

图 318 唐代胡人乐舞纹玉铊尾（正、背面）

朝廷进贡。据记载，唐太宗贞观六年（632年），于阗国派遣使者到长安献玉带。唐德宗在位时（780～805年），派内给事朱如玉去西域求玉，在于阗国得到一大批玉宝，其中有"带铐三百"。因此，这些雕有蕃人形象的玉铐应是在西域于阗国制造的，唐朝廷使用的玉带可能也是受到于阗国的影响。

1942～1943年，考古工作者在四川成都市内发掘了五代时期前蜀王建的陵墓（图319），出土了一组完整的玉铐饰。革带已朽烂，但上面嵌钉的7枚玉铐和一枚铊尾保存完好，经复原可以看出玉带分两节，镶玉铐一节在背后，系带而不能自见其铐。这节玉铐带的两端，各有一个银扣，与另一节革带相接。玉铐和铊尾均为白玉，刻有奔龙形象，龙首硕大，龙身细长，姿态矫健，是唐和五代时龙的典型形象（图320）。

这条玉带的出土，为我们研究晚唐和五代时期的玉带，提供了难得的实物资料。这条玉带的玉铐数是7枚，既不合初唐制度，也与盛唐时的玉带不符，它究

图319 永陵地宫（卢铮摄影）

图 320 前蜀皇帝王建的玉带

竟反映的是一种什么用玉制度呢？这条玉带的主人是前蜀开国皇帝王建。王建本是许州舞阳（今河南舞阳）人，在唐末战乱中曾护卫唐僖宗西逃，从此得到僖宗的信任，并开始在四川发展势力。公元 907 年，唐朝灭亡，这时王建已基本上占据全部蜀地，于是他便称帝，国号蜀（即前蜀），建都成都。王建虽是个小国皇帝，但处处以唐的正统自居，一切都照搬唐代制度，史称蜀国“典章文物有唐之遗风”。他生前使用的这条玉带，正是他刻意追仿唐代末年玉带制度的产物。综上所述，我们将文献和出土实物结合起来，能够清楚地看出整个唐代和五代时期玉銙制度的变化。

王建玉带的珍贵之处还在于它的玉铊尾背面刻有铭文，记载了制作玉带的缘由：

永平五年（915 年），王建的后宫起火。第二天，宫人在废墟中寻得一块被火焰燎黑的玉石。众人都说，这块玉经大火焚烧已经损毁了。但王建很迷信，说：

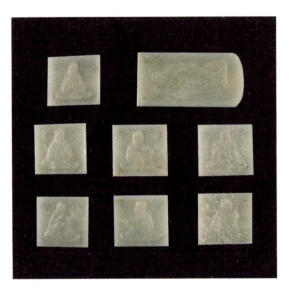

图 321 宋代赵仲湮墓出土的人物纹带板

这是天生的神物，又怎能损坏呢？于是命玉工剖开，玉石内质异常温润洁白，就是当时最好的玉工也未见过如此精美的玉石。王建令玉工将其制成大带，并沾沾自喜道："夫火炎昆岗，玉石俱焚，向非圣德所感，则何以臻此焉！"

这段记载虽有迷信夸大成分，但证实了这条玉带确实是在蜀国仿唐制度琢制的。铭文还提及了玉銙和铊尾的尺寸，"其胯方阔二寸，獭尾（铊尾）六寸有五分"，基本上符合实测的尺寸。

宋代朝廷用玉之风炽盛，玉带仍为带之首。宋代玉銙纹饰仍以人物形象为主，还有云雁纹、龙纹铊尾等。江西上饶南宋赵仲湮墓中出土的一组青玉池面人物纹带板，是宋代玉銙的佳品。

这组带板由 7 件玉銙和一件铊尾组成，每件表面浅浮雕一人，刻画清晰，制作细腻，线条流畅（图 321）。玉銙上的人物均作盘足打坐状，五官清秀，头结发髻，身穿交领大袖长袍，或弹琵琶，或捧果，或饮茶，或吹箫。铊尾刻一背负包袱的长髯老者，作行走状。玉带的主人赵仲湮死于南宋建炎四年（1130 年），生前为明州观察使，这副玉銙是宋代高级官吏用玉制度的典型写照。

"春水""秋山"

契丹族和女真族是我国北方的两个古老的民族，它们先后建立的辽国和金国，都成为威震一时的大漠草原上的帝国。契丹和女真都以狩猎放牧为主要经济活动，它们的艺术风格有着明显的民族特点，表现在玉器上就是其所特有的"春水玉"

和"秋山玉"。

所谓"春水玉"，就是指以鹘捉鹅为主题的玉器，一般作椭圆形，通体以镂空加饰阴线纹雕成。图案为一只天鹅躲藏在水草中，上有一只鸽子大小的鹰（又称海东青）向鹅俯冲而下，作追逐状；或直接雕刻一只海东青展翅攫住鹅首，欲食鹅脑（图322）。所谓"秋山玉"，是指以山林虎鹿为主题的玉器，图案为山石、柞树、虎或群鹿（图323）。这两种题材表现了北方草原山林天高地阔，禽兽翱翔、驰骋的自然风貌，是契丹和女真弋猎生活的真实写照。这两种玉器的背面都有穿孔或系环，应是随身的佩饰。

北方少数民族在一年中，是依牧草生长及水源供给情况而迁徙的。公元907年，契丹首领耶律阿保机统一契丹各部落，建立政权，后称为辽国。辽

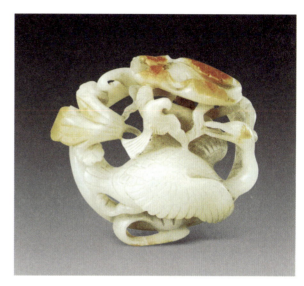

图322 以鹘捉鹅为主题的"春水玉"

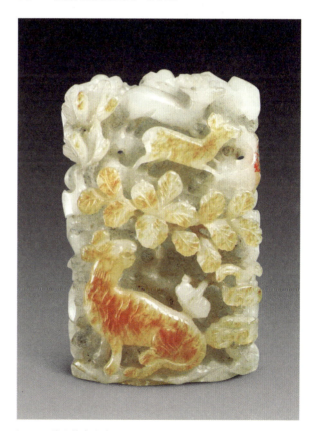

图323 以山林虎鹿为主题的"秋山玉"

图 324 辽代《肩鹰出猎图》壁画

国地域广阔，占据北方草原大漠及长城沿线，这样幅员辽阔的土地为契丹人的游牧生活提供了便利条件。辽国统治者也利用这种条件在各地修建出行漫游的营地，称之为"捺钵"，作为御寒和避暑的场所。

每年初春，辽帝行至"春捺钵"，先凿冰取鱼，待河冰开化，天鹅飞至时，放纵鹰鹘捕鹅雁，晨出暮归，从事弋猎（图 324）。当时，辽帝常去的"春捺钵"是长春州东北的鸭子河沟，东西二十里，南北三十里，河滩多榆柳杏林。皇帝每到此处，便更衣登高观望。侍卫们穿墨绿色衣，持连锤一柄、鹰食一器及刺鹅锥一枚，在河泊周围相隔五六步远并排站立，发现有天鹅立即举旗示意。探骑得讯后飞驰报告，众鼓齐鸣以惊天鹅。天鹅受惊腾起，驯鹘人将海东青呈给皇帝，由皇帝亲自放飞。鹘擒鹅后坠落于地，但鹘势单力薄无法降服天鹅，这时侍卫便上前用刺鹅锥刺死天鹅，取出鹅脑喂鹘，训鹘人亦得银绢赏赐。皇帝得鹅后，群臣献上酒果，举杯致贺，并将鹅毛插于头上为乐。这种弋猎活动直到春天过后才结束。"春水玉"反映的就是在"春捺钵"弋猎的情况。

辽代使用玉器的风气很盛，出土玉器的辽墓很多，其中最重要的是内蒙古奈曼旗辽陈国公主墓。该墓出土玉器 80 余件，有佩玉、实用器和嵌玉。佩玉数量最多，有工具形玉佩和龙、凤、鱼等动物形玉佩，以及鸳鸯玉饰，多穿以金链，悬缀在腰带上（图 325）。这些玉饰体形不大，均为新疆羊脂玉，抛光明亮，雕琢细致。特别是动物形玉佩中方形玉雕上琢刻有肉眼难以辨认的细如发丝的十二生肖形象，

图 325 辽陈国公主墓出土的龙、凤、鱼等动物形玉佩

琢刻技法近于微雕。该墓还出土了 3 件与弋猎有关的玉制工具，即玉臂鞲、玉柄银刀和玉柄刺鹅锥。玉臂鞲长 9 厘米，宽 3.4 厘米，系白玉磨制而成，呈椭圆形片状，正面略弧，背面内凹。左右两侧各有一个穿孔，套系金链，出土时套于陈国公主驸马的左臂之上，应该与架鹰有关。海东青在擒获猎物后，飞回到主人的胳膊上，易将主人胳膊抓伤，玉臂鞲就起架鹰防护的作用（图 326）。玉柄银刀长 26.8 厘米，刀柄用青白玉制成，呈圆柱状。银刀的末端打制成细锥形嵌入玉柄中。刀是契丹贵族游猎时必备的工具。玉柄刺鹅锥长 17.8 厘米，锥柄为青玉磨成，一端嵌有银锥体。此器即是辽代贵族在"春捺钵"时专用于刺鹅的锥（图 327）。

"春水玉"上那只鸽子大小的鹰就是海东青，由鹰坊（又称五坊）饲养，专供皇帝放纵，是一种难得的猛禽。它的特点是体小而强壮，飞行敏捷，专擒天鹅，以爪白者为最佳。但海东青并不产于辽国，而是女真人活动的东北地区，于是辽国在强盛时经常让女真人进贡海东青，甚至勒索，终于导致了女真人的反抗。1125 年，女真人在首领完颜阿骨打的率领下灭辽，建立金国。

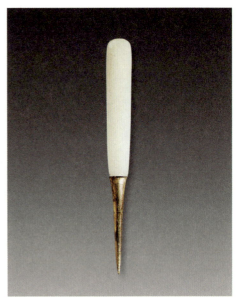

图 326 辽陈国公主墓出土的玉臂鞲   图 327 辽陈国公主墓出土的玉柄银刺鹅锥

　　"秋山玉"则表现了在"秋捺钵"狩猎的情况。每年初秋,辽帝入山纳凉,称秋山,
并射猎虎鹿。辽景帝时,永州西北五十里林中有虎,伤居民和牲畜。景帝率数骑
去猎杀,虎惧怕伏于草中不敢仰视,景帝怜悯之,视林为"伏虎林"。辽皇族每
至此处,便分布在山涧湖泊周围,待半夜群鹿出林饮水时,令猎人仿鹿鸣吹角,
将鹿集中射杀,称为"呼鹿"。

　　金国建立后,仍承袭契丹旧俗,每年春秋两季进行狩猎娱乐活动。尽管"春
捺钵"和"秋捺钵"的活动始自契丹,但当时并未将鹘攫鹅及山林虎鹿等题材反
映在玉器上,而女真人则将这一题材宫廷化、典章化,并定名为"春水""秋山",
成为当时最流行的一种艺术题材。在金人服饰制度中,狩猎着装有明确规定:"春
水之服则多鹘捕鹅、杂花卉之饰。"除玉器外,还装饰于丝织、瓷器、漆器等工
艺品上,因此,这类题材的玉器一般是金代制作的。

　　金代玉器受宋代玉器的影响,花鸟题材的玉器较多,艺术性也较高。比如最
具特点的"龟游"玉佩,即在两片硕大荷叶的中心,浮雕出两只正在爬行的乌
龟(图 328)。北京房山金陵后妃石椁墓出土 11 件玉饰,有折枝花佩、竹枝佩、
双鹤衔枝佩、折枝花锁、双股钗、孔雀形簪等。造型新颖,雕琢极精,有浓厚的

宋代玉器风格（图 329 ~ 331）。

  "春水玉"和"秋山玉"虽都充满了北国林野的情趣，但在艺术处理上是不同的。目前所见的"春水玉"比"秋山玉"多得多，雕琢水平及表现手法都稍胜一筹。一般来看，"春水玉"艺术格调激昂、热烈，琢刻细致，飞禽雕造逼真，富有动感；而"秋山玉"表现手法均为野兽共处山林，相安无事，反映了一种宁静和恬淡的境界。金代早期的"春水玉"和"秋山玉"碾琢粗犷，图像朴拙，颇有民间艺术不求形似、突出特点的格调；而金代中晚期则雕琢细致，注重写实，刻画逼真（图 332、333）。

图 328 金代"龟游"玉佩

图 329 北京房山金墓出土的折枝花锁玉佩

图 330 北京房山金墓出土的双鹤衔灵芝玉佩

图 331 北京房山金墓出土的孔雀形玉簪

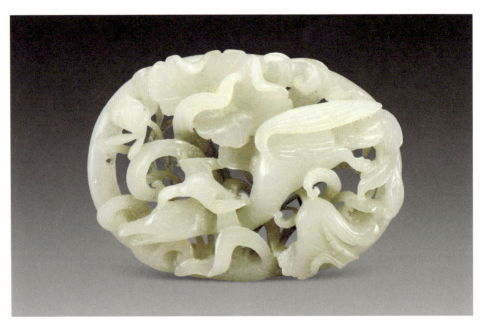

图 332 金代 "春水玉"

图 333 金代 "秋山玉"

图 334 元代 "春水玉"

　　需要指出的是，"春水玉"和"秋山玉"对元明清三代玉器艺术风格影响较大，如江苏无锡元代钱裕墓中曾出土一件"春水玉"，说明这类玉器已推广到江南地区（图 334）。明清时期，"春水"题材的玉器虽沿袭不绝，但在形神方面，已不及金元时期。清朝统治者虽为女真后裔，但生活环境及经济面貌已与金代有天壤之别，制作者缺乏亲身体验，没有见过鹘与鹅相搏斗的情景，只能靠想象发挥，原有的那种浓郁的生活气息已被形式上的装饰所替代。

地宫之藏

到过北京的人，一定游览过定陵，那高大宏伟的明楼宝城、深邃幽暗的地下玄宫以及无数的金银珠宝和成百匹的罗纱织锦，无不深深吸引着众多惊叹的目光（图 335、336）。

定陵是明朝万历皇帝神宗朱翊钧和孝端、孝靖两个皇后的陵墓。朱翊钧 10 岁登基，统治长达 48 年，死于 1620 年，是明代皇帝在位时间最长的一个。万历皇帝在位期间，大明帝国渐趋沉沦，宫廷内部争权夺利，钩心斗角，边关异族不断入侵，内地农民起义风起云涌。就在这种背景下，朱翊钧仍挥霍无度地为自己大修寿陵。兴建定陵共用 5 年时间，耗银 800 万两，相当于两年国库的全部收入。他穷奢极欲，尤好金银珠玉，为此不惜动用太仓、太仆寺所藏的军需款项，来满足个人需要。

定陵出土的玉器虽然不多，但大都极其精美华丽。这些玉器主要出自万历帝

图 335　明定陵外景

图 336 定陵地宫   图 337 万历帝棺内情况

棺内头部两侧，少数出于随葬器物箱内（图 337）。从用途来看，定陵玉器主要有
日用器具、佩饰和礼器，其中以日用器具最为精美。

　　日用玉器的特点是普遍使用嵌金镶玉宝石工艺，所制出的玉器作品非常精致，
主要有金托玉爵、金托玉执壶、金托金盖玉碗、鎏金银托双耳玉杯和各种镶玉金
簪及耳坠。这些制品金玉相映，熠熠生辉，十分华丽。

　　金托玉爵高约 14 厘米，由玉爵和金托构成（图 338）。玉爵质地洁白，爵身
呈元宝形，口沿雕两个蘑菇形柱。爵体一侧立雕龙形把手，龙作攀附状，两只前
爪抓在口沿部，似欲探视杯中之物，形象颇为生动。金托为圆盘形，盘中央有一
树墩形柱，柱上有三个金钱形孔，玉爵三足刚好插入其间，柱表面雕刻出重峦起
伏的山峰。金盘内平面浮雕二龙戏珠及海水云崖等图案。在盘沿、盘底和墩形柱
上分别嵌有红蓝宝石 26 块。

　　金盖金托玉碗高约 12 厘米，由玉碗、金碗盖和金托盘构成（图 339）。玉碗
光洁如羊脂，细腻晶莹，敞口，底有圈足。金碗盖以镂空技法制成，自盖顶至边

缘呈三层阶梯状，顶部有一个莲花形纽，纽中央嵌红宝石一块。盖面镂雕的图案十分繁缛，镂空云纹为地，雕出数条游龙，作追逐宝珠状。金托盘内壁刻8条云纹图案，并刻二龙赶珠纹。

鎏金银托盘双耳玉杯高约6厘米，由双耳玉杯和鎏金银托盘构成（图340）。双耳玉杯杯口外撇，两侧附有透雕牵牛花形耳，花心嵌红宝石一块。银托盘表面鎏金，中央刻海棠花一朵，其周围为缠枝四季花。盘中及口沿上镶嵌红宝石4块、蓝宝石4块及珍珠4颗。

这几件嵌金镶宝石玉器均放置在万历帝棺内，应是他生前喜爱之物。万历帝生前曾不遗余力地大肆搜刮金玉，其规模达到惊人的程度。后人评述万历一朝时指出："金取于滇，不足不止；珠取于海，不罄不止；锦绮取于吴越，不极奇巧不止。"可谓是极其鲜明的写照。

各种嵌玉金簪和耳坠分别出自万历帝、孝端和孝靖皇后的头部及其周围。簪首所嵌玉饰纹样丰富多彩，主要有花朵、鸟兽、寿星、佛像和吉祥字等，帝后在遇圣寿、大喜、大典时换戴含有相应吉庆内

图338 定陵出土的金托玉爵

图339 定陵出土的金盖金托玉碗

图340 定陵出土的鎏金银托盘双耳玉杯

图 341　孝端皇后镶宝玉石金钗

图 342　孝靖皇后金环镶宝玉兔耳坠

容的簪钗（图 341）。它们制作十分精细，造型生动，是难得的一批明代手工艺品。孝靖皇后的一只金环镶宝玉兔耳坠，通长 2.4 厘米，竖长耳，两前肢抱玉杵，下有臼，作捣药状，兔的双眼用红宝石镶出，十分惹人喜爱（图 342）。

　　两位皇后的头上插满了金、玉、宝石钗簪，首饰多达 130 多件。她们安详地陪伴着万历皇帝，似乎已享尽了人间的荣华富贵。实际上恰恰相反，这两位皇后活在人世的时候，生活却是凄凉悲怆的。

　　孝端皇后王氏本是锦衣卫指挥使王伟的长女，万历六年（1578 年）她 13 岁时被皇太后李氏看中，册立为皇后。这一年，万历帝才 14 岁，他对王氏没有丝毫兴趣，常常冷落她。王氏一生无子，又得不到皇帝的爱，这对她来说无疑是个悲剧。但王氏清醒地认识到自己在宫廷中的地位和处境，知道自己的皇后头衔随时都会被废除。于是，她把不幸埋在心底，在一切场合下循规蹈矩，殷勤守礼，巧妙周旋于宫廷无休止的明争暗斗中，直至万历四十八年（1620 年）走到她生命的最后尽头。

　　相比之下，孝靖皇后王氏的命运可就悲惨多了。她本是皇太后李氏的宫女，万历九年（1581 年）冬的一天，万历皇帝去慈宁宫拜见太后，不想却遇到前来献茶的宫女王氏。他立刻被她端庄秀美的姿色所倾倒，恰好此时太后不在宫中，于是万历帝便私幸之。其实，万历帝只不过是一时冲动，过后便忘得一干二净。但数月之后王氏有了身孕，无奈之下万历帝便封她为恭妃。第二年，王恭妃生下皇长子（即明光宗朱常洛），但这并未给她带来幸福和欢乐。万历帝在宫廷斗争中失意，他迁怒于王恭妃，把她打入冷宫。1610 年，王恭妃在凄苦的生活中病死，葬于天寿山"东井"左侧。直到 1620 年，她的孙子、明熹宗朱由校继位后，才将她迁葬于定陵，并追谥为皇太后。

定陵的玉器具中还有 10 条玉革带和两件玉带钩。其中一件白玉龙形带钩十分精美，龙额嵌绿宝石一块，龙睛嵌猫眼石 1 块，腹部嵌红宝石 2 块，黄、蓝宝石各 1 块（图 343）。猫眼石是世界上极为名贵的宝石品种，产于东南亚一带，它嵌在玉器上更显珍贵，可谓"黄金有价玉无价"。

定陵出土的玉佩饰共有 7 副 14 件，大部分装在随葬器物箱内。玉佩上的玉饰绝大多数为白玉，质地洁白细腻，制作晶莹光滑，还有少数的碧玉、红玉、绿玉及绿松石、红石燧、水晶等。玉饰件上均有纹样，一部分为阴刻的云龙纹，另一部分直接用金粉描绘出云龙纹或云凤纹。玉饰件和玉珠是用合股的黄色丝线两股，从上排的玉饰孔中下穿玉珠至下排的玉饰孔内，然后又折回到上排玉饰孔内，并将线头再次下折穿入玉珠内。这样所有线头不外露，显得更加美观。

佩饰中较为复杂的是出自万历帝棺内的一副大型组佩，通长 79.5 厘米。每件共缀玉饰 19 枚，有菱形、云朵形、叶形、八角形、多边形玉饰和玉珩、玉滴等，

图 343 定陵出土的白玉龙形带钩

分作 7 排 5 行，玉饰间共穿缀玉珠 372 颗（图 344）。

　　玉佩是明代冠服制度中不可缺少的一项，皇帝冕、服，皇后礼服均佩之，皇族成员及文武大臣也以等级的不同而佩有不同玉料的玉饰。

　　定陵的每件玉佩都放在一个黄色纱袋内，佩钩露于袋外，袋口用丝线缝着。明代玉佩原本不用纱袋盛放，嘉靖初年世宗皇帝有一次上殿时，尚宝司卿谢敏行捧宝玺走近皇帝，因走得太急，一不留神将腰间悬挂的玉佩与世宗所佩玉饰缠结在一起。谢敏行情知不妙，赶紧下手解结，可繁杂的玉佩一时无法解开；世宗急唤左右侍卫上前来，才将纠结解开。为了避免这种尴尬局面再发生，世宗下诏命文武官员各备佩袋，以防缠结，唯有祭天时不用佩袋。

　　玉制礼器分为两类，一类是日常礼仪用玉，主要是各种纹样的玉圭，共有 8 件，其中 4 件放在万历帝胸前。这 8 件玉圭分为镇圭、脊圭、谷圭和素面圭。镇圭正面刻四山纹，纹内填金，四山分上下左右，象征东、南、西、北四镇之山，寓意"江

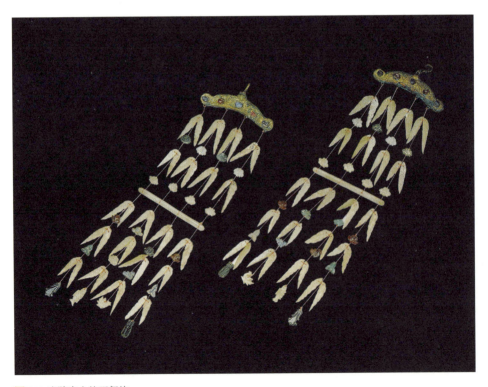

图 344 定陵出土的玉佩饰

山在握，安定四方"（图 345）。

　　另一类为丧葬用玉，主要有玉璧和玉料。玉璧共 6 件，均为素面，在万历帝、孝端后和孝靖后三具椁顶东端各放置两件。玉料共 32 件，放置在万历帝棺内外行及帝后椁外两侧，目的大概是为使尸体不朽。

　　定陵玉器是目前所见最精美、也是唯一一批明代宫廷玉器，为我们研究明代制玉工艺水平及用玉制度，提供了极为珍贵的资料。

图 345　定陵出土的玉镇圭

翡翠源流

　　翡翠，也称翡翠玉、翠玉、硬玉、缅甸玉，是中国传统玉石的主要品种之一。它的矿物成分是硅酸铝钠，属辉石类，硬度 6.5 ~ 7，比重约 3.3。1863 年，法国矿物学家德穆尔（Augustin Alexis Damour）对翡翠制品进行了检测，因其硬度大于以透闪石为主的和田玉，而将这种矿物定名为"硬玉"，英文名称为 jadeite 或 jadeite jade。

　　世界上出产翡翠的国家有危地马拉、美国、日本、俄罗斯和缅甸。目前我们所见的翡翠 95% 来自于缅甸，也只有缅甸的翡翠才能达到宝石级别，具有很高的工艺和市场价值。缅甸翡翠矿区主要位于缅甸西北部雾露河（又称乌龙河）上游（图 346），属克钦邦密支那的帕敢、勐拱地区。原生矿带长约 250 千米，宽约 15 千米，面积 3000 多平方千米。在这块地方分布着大大小小成百上千个玉石矿场，分老厂和新厂。老厂玉又称老山玉、老坑玉、砂矿，为天然翡翠原矿脉经外力作用分裂、撞击、滚动、风化而形成的次生堆积，外表光滑，如同大小不一的鹅卵石（图 347），分布于河流两岸山坡、滩地和河床底部，早期发现的翡翠原石都是

图346 雾露河

图347 翡翠矿的次生堆积

图348 老厂翡翠原石

在河边捡到的。老厂玉都有一层沙壳（即风化层）包裹着，玉的种、色一般不外露，切开后才能看到玉质（图348）。新厂又称新山玉、新坑玉，即翡翠的原生矿脉，光绪初年被发现，矿脉在地面下约十四五丈深，夹杂于青石层中，块度较大，棱角分明（图349）。新厂玉种、色稍嫩，质量不如老厂玉。

翡翠本指南方两种鸟名，以红、绿两种艳丽的羽毛而著称，后来被用来命名这种以红翡绿翠为特征的矿物。翡翠一词最早见于汉代文献，但直到宋代，文献中所提到的"翡翠"，或指颜色，或指鸟羽制作的装饰品，而非玉石原料。在传世的翡翠制品中，也未见明代以前之物。在云南地区考古发掘出土的翡翠实物均属清代，未见清代以前的翡翠制品。根据一些文献记载，最初翡翠原石的发现源于马帮。13世纪时，腾冲的马帮到缅甸贩货，回来时为了平衡马背上所驮货物重量，顺手在雾露河边捡了几块石头压重。回到腾冲卸货后，这些石头就被随意抛弃在地上，有的裂为两半，在断裂的石头里人们意外地发现了"碧光灿烂夺目"的翡翠，从而找到了玉矿。这说明翡翠原料大约是元代时发现的。而制作翡翠器物应是从明代才开始的。

翡翠矿场的开采，从元代至今已有700多年的历史，但自然条件恶劣，只有在旱季才能开采，开采方法十分简陋。每年霜降，滇西一带的采玉人进入缅境，到了玉石矿先选无人挖过较有希望的地方，以小树枝或竹一株插下以为标记，然后用焚祭祈求神灵庇护，早得玉石。祭祀后破土动工，二到五人挖一洞，

图 349 翡翠新山玉

其洞深浅不一，有的挖到三四丈，方达石层，石层的厚薄疏密不一样，有的很快就能挖到玉石，有的竟四五个月一无所获。矿洞有的在山坡，有的在河边，还有的在山腰。在河边的需要一边挖一边用竹筒拉水，翡翠开采如同一场赌博。现在开始使用挖掘机进行开采，虽然节省了人力，但开采成本也非常高，尤其是玉石的挑拣环节离不开大量的人工劳动，开采过程极为艰辛（图 350、351）。

图 350 开采翡翠矿

图 351 拣选翡翠原石

　　古代腾冲和勐拱两地共称"腾越"，从元代开始，腾越作为中国领土受元朝廷管辖。玉石产地勐拱"在朱明之世已隶版籍，延至清乾隆百年后"，仍属"滇省藩篱"的土司辖地，由腾越州管辖，故有"玉出云南"之说。明正统之后的一百多年间，缅甸翡翠开采是由当地土司阶层统治管理，经营玉器厂，大批华侨进入勐拱开采挖掘，使腾越边区玉石业繁荣起来。1885年，英国侵占缅甸之后，勐拱划入缅甸殖民地，因为玉石矿山地域宽阔，难于管理，偷税漏税较多，英国殖民者又不便自己开采，就采用包税的办法，将玉矿的税收招商投标（即"岗税"），招商中标的基本是华人。缅甸独立后，相当长的一段时间内延续英国人的办法，玉石的开采与贸易依然由华人控制。毛应德是腾冲华侨向缅政府承包玉石厂"岗税"第一人。张宝廷、寸如东、李寿郁、黄桢庭等都曾以巨额资本承包"岗税"（图352）。开采玉石在当时基本上被腾商承包，最为知名的翡翠大王张宝廷，在清宣统时期承包经营玉石厂，甚至无偿出资帮助当地土司从英商手中赎回玉石厂厂权，并以雄厚资金向英国政府承包"岗税"。直到1966年，缅甸政府不准私人开矿，将所有的矿产资源收为国有，一切想要开采的场口都要向缅甸政府购买开采权，翡翠原料禁止私下交易，只有经过公盘交易（即"赌石"）才能进行加工、运输和在国内外销售，也就是说，除了翡翠公盘之外出境的所有卖翡翠原料的行为都被视为走私，也让赌石交易更为官方化。其实，赌石历史非常悠久，明末清初，"穷走夷方急走场"成了腾冲人发家致富的生活方式，他们出走缅甸，带回来一块块翡翠原石论质出售，这就是最初的赌石。有历史记载的则是清代乾隆年间檀萃的《滇海虞衡志》："玉自南金沙江来，江昔为腾越所属，距州二千余里，中多玉，夷人采之，搬出江岸，各成堆，粗矿外护，大小如鹅卵石状，不知其中有玉，并玉之美恶与否。估客随意

图352 寸氏宗祠

贸之，运之大理及滇省，皆有玉坊，解之见翡翠，平地暴富矣。其次利虽差而亦赢。最下，则中外尽石本折矣。"这说的就是赌石性质的贸易，也是赌石的起源。"一刀穷，一刀富，一刀开当铺，一刀披麻布"就是对赌石形象的描述。

　　毫无疑问，最早去缅甸开采、经营翡翠的就是地理位置最有优势的腾冲人。腾冲是距离翡翠开采地最近的地方，明代时已成为控制中缅交通的要冲。古代的"南方丝绸之路"和著名的史迪威公路就经过腾冲直接贯通缅北进入东南亚、南亚（图 353）。腾冲凭借先天的地理、交通和政治优势，很长一段时间，几乎是缅甸翡翠和其他物品进入中国的唯一通道。明晚期《徐霞客游记》中记载了当时在云南腾冲翡翠流行的盛况，徐霞客还记录了潘一桂送给他两块翡翠玉石的情景，反映了当时已有对翡翠质量的评判标准。清乾隆时，腾冲成为翡翠毛料集散地及加工中心。清晚期英国占领缅甸后，腾冲翡翠加工业仍然比较兴旺，翡翠原料从缅甸源源不断进入腾冲，玉石商、玉石工匠组成了"宝货行"行业公会，逐渐在南城八宝街形成经营翡翠成品的店肆（图 354）。1902 年，

图 353　史迪威公路路碑

图 354　1902 年腾冲城南门内大街（八宝街）

图355 流行于云贵川地区的翡翠挂饰

清政府在腾冲设立腾越海关，进出口贸易开始发展，玉石进口量从1902年的271担，增加到1911年的828担。从八莫到腾冲的道上，经常有七八千至一万头的马帮运输物资，腾冲海关验货厅每天摆满了大量货驮。更为反映当时翡翠业兴盛的是，货物还在途中，有些玉石商已经将货款转到腾冲，正是"昔日繁华百宝街，雄商大贾挟资来"的写照。腾冲成为历史上曾经辉煌一时的"翡翠城"。抗战时期，腾冲沦陷，翡翠产业一度停滞不前。直到20世纪60年代末，腾冲以街道为单位的翡翠加工模式开始形成，并集中了一批老艺人，同时组织人员去中原学习玉雕工艺，吸引了广州、北京、上海等地进出口外贸公司或工艺美术厂等来购买毛料或成品。这时期腾冲、上海、北京、广州以及河南等地制作出大量的翡翠精品，大部分都出售给外贸部门或者外商，给国家换来了大量的外汇，促进了当时的国家建设。

腾冲虽为重要的翡翠加工集散地，但是一直以来精加工作坊非常少，当时腾冲主要是制作耳饰、头饰、手镯、挂饰等一些简单的生活用品，工艺较为粗糙（图355），尤其是乾隆晚期，源源不断的翡翠经水路进入内地，大量的翡翠毛料和成品源源不断运往北京、扬州、苏州和广东内地，作为翡翠出产地源头的云南工因产品单一、做工粗犷被以宫廷细工为代表的统治阶层所摒弃。而翡翠原料经过清宫造办处玉作、扬州、苏州等地加工，制作成精致的首饰、器皿，受到清统治阶层和民间的推崇，因此越来越多的翡翠原料进入中原。腾冲的翡翠加工只在云、贵、川等地盛行。到 20 世纪 40 年代，腾冲翡翠加工业受到战火的波及而衰落，战后重建时，城内外的弹坑是最好的玉石碎料倾倒处，许多价值不菲的边角料被随意埋到了地下，这些边角料里，有很多都是价值连城的翡翠原石。20 世纪 50 年代以来，在腾冲大街小巷，凡施工动土都会挖出历史时期大小的翡翠原石及废弃的边角料，真可谓"挖地一尺必得玉"，这从另一方面证实了腾冲从明清至民国是中国西南地区翡翠原料和成品加工、交易的中心，如今翡翠加工遗弃的废料随处可见，形成了今天我们所见到的规模庞大的余料交易市场（图 356、357）。

翡翠在明末清初已受到官方关注，并进而参与开采和运输。对于翡翠如何进入中原众说纷纭，经过实地考察，最清晰、最便捷的翡翠之路应是翡翠原石经密支那运抵腾冲（旧称"宝井路"），加工成器后，由马帮运输沿着"博南古道"翻越高黎贡山，跨过澜沧江，抵达大理。博南古道也称永昌道，即马帮之道，也是"南方丝绸之路"的组成部分，这条马帮之道沿途设置了不少驿站以供来往过客食宿（图358、359）。到大理后，再向东北经昭通"秦五尺道"至四川宜宾，在宜宾这个重

图 356 腾冲余料市场

图 357 带有切割痕迹的余料

图 358 翡翠之路之博南古道

图 359 翡翠之路之马帮

要交通枢纽分散至西南地区（图 360）。翡翠之路蜿蜒穿梭于崇山峻岭、涧溪河湖之间，长达万里之遥（图 361）。清乾隆后，翡翠在中原逐渐普及，翡翠毛料及成品亦通过宜宾这个翡翠集散地，走长江水路贩运至中原内地。民间翡翠藏家早年所收的老翡翠都是大量散布在宜宾及周边地区，这说明当时宜宾是翡翠进入中原的集散地和中转站。

　　翡翠加工虽在云南已有悠久的历史，但也仅限云南境内，尤其是在以腾冲为中心的翡翠之路沿线所在地。从现存的老翡翠收藏中，我们发现最早的翡翠成品多在明晚期。而翡翠制品盛行则是在清代，几乎为朝廷和民间所普及，今天我们所能看到的老翡翠，多为清代产物。这是因为翡翠一开始向内地传播时是走上层路线，明朝时期西南地区的翠玉宝石多作为贡品呈献给朝廷，明中叶高级太监驻守保山腾冲专门采购珠宝。清朝是中国历史上大规模利用翡翠资源的时代，清宫文献中最早记载翡翠的年代是雍正五年（1727 年），为当时云南总督进贡的"翡翠石数珠"。到了乾隆时期，云南进贡的翡翠制品逐渐增多，而清宫造办处、广东、天津、江苏等地也开始生产和进贡翡翠，其品种及造型与宫中流行的和田玉制品并无二致。对于翡翠原料的称呼，则有永昌玉、云南玉、云玉、云产石、滇玉、翠玉、绿玉等。高档翡翠的价格也扶摇直上。翡翠以其艳丽丰富的色彩和晶莹剔透的内质深得女性的青睐，清晚期对翡翠最为痴迷的当属慈禧太后，她常常向各

图360 云南盐津"秦五尺道"及"石门关"

海关、织造等部门索取翡翠贡品，还会定期让人维护她的翡翠首饰，即使颠沛逃难，都不忘关照。湖广总督张之洞投其所好，多次向慈禧进献翡翠，慈禧对于这些翡翠不但爱不释手，而且对其质量和雕工有独到的见解。清宫现藏翡翠制品 800 多件，绝大部分是晚清之物（图 362）。宫廷盛行翡翠，也促使民间对翡翠极为推崇，甚至超越了和田玉的地位，成为达官贵人手上最常见的珍玩。这时期的翡翠主要在北京、苏州、扬州等地加工，用料讲究，雕工精致。翡翠的发展经历了由民间到宫廷，再由宫廷引领民间的过程，从乾隆开始发展，到清末至民国时期，翡翠的制作和使用也达到了巅峰。

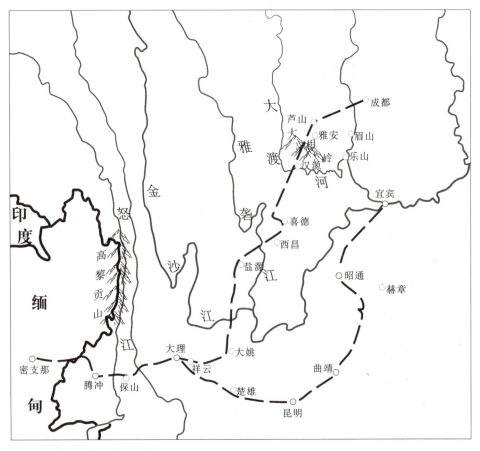

图 361　清代 "翡翠之路" 示意图

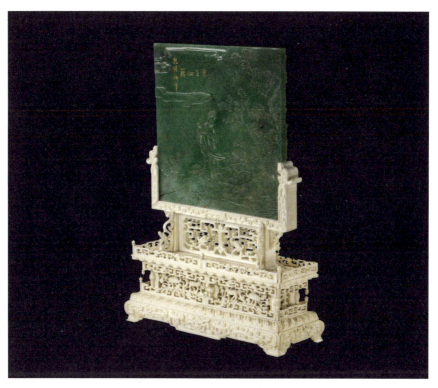

图 362 清代"东王仙籍图"翡翠插屏

苏扬绝技

明清时期，玉器的琢治技术达到历史最高水平，小如玲珑剔透的佩饰，大至宏伟壮观的玉山，无不精美绝妙，令人叹为观止。当时，琢玉主要地区在江南一带，而最重要的两个琢玉地点是苏州和扬州。

苏州在明清时期是一座商业经济十分繁荣的城市，有"东方威尼斯"之称。经济的发达，促进了各种手工业的发展，制玉业也不例外。苏州的琢玉工艺有着悠久的传统，技术基础十分雄厚。苏州最初没有专售玉器的店铺，玉匠在家琢成玉器后，每逢市集，就聚到阊门外吊桥旁，摆设玉器摊。当时苏州民间用玉风气很盛，普通市民无论男女，大都有一枚压发和挖耳勺。富人家中，则既有随身佩带的各种玉饰，又有琳琅满目的玉制小摆设。玉器还作为财富的象征，成为巨豪

图363 明清时期苏州玉作坊集中地——专诸巷

图364 苏州玉业公所所在地周王庙

图365 这件玉蟾蜍是周公庙内供奉的辟邪吉祥之物

夸奇斗富的奢侈品。

明清以来，以阊门为中心，在专诸巷和吊桥一带，兴起了200多家琢玉工场，琢玉工匠近千人，形成了独立的行业（图363）。他们以周宣王为祖师，在周王诞辰之日，展出各自的作品，进行观摩切磋，市民争相参观、盛况空前。苏州琢玉业最盛时，沙沙琢玉之声昼夜不停，毗户可闻。

苏州博物馆藏有一件清代碧玉蟾，它曾被供奉在苏州玉业公所——周王庙内（图364、365）。蟾蜍在古代中国人心目中是"辟五兵，镇凶邪，助长生，主富贵"的吉祥之神物，所以周王庙在出会时，还得抬着它云游苏州的大街。

苏州玉工因手艺精巧，引起了皇家的注意。雍正初年，宫廷在养心殿造办处设玉作，下令征调苏州玉匠到宫中任职。乾隆年间，在宫廷增设"如意馆"，几度下旨招苏州玉工到北京，专为皇家贵戚琢制和田美玉。一部分苏州玉工从此落籍在北京，不再返回故乡，他们所怀的绝技，也就传授给了北京人。以前北京前门一带的玉工，大多是苏州玉工传授的手艺（图366）。乾隆皇帝常常把精美的玉料，画样后发往苏州，令在专诸巷加工制造。据统计，乾隆时苏州向宫廷供奉玉器50次，数量达397件，深得乾隆帝的赞赏。

图366 复原的苏州玉工所使用的玉石琢磨机（中间的圆盘是砣子，用踏板和皮带来带动它旋转，用来切割玉料或琢刻纹饰）

苏州琢玉的特点表现在以下几个方面：一是精选用料。玉匠在看到一块光滑如石头的玉璞时，能判定它里面玉质的优劣，百无一失，常常择优采玉。二是细致琢磨。无论器物大小，都润滑平整，抛光晶亮，充分显示出玉质内在美的特性，给人一种温润柔和，嫩如婴肤的感觉。三是器物造型精美新颖，富有创造性。无论圆雕，还是平雕作品，都很优美别致。图案线条刚柔结合，婉转流畅，毫不拖泥带水，不留碾琢痕迹，很难找到败笔之作。四是高超的琢玉功力，特别是在琢制高难度的体轻薄胎作品上更显示出娴熟的技艺。作品厚薄均匀，透明感强，配以凹凸起伏的花纹，极富立体感。五是在细小局部处理上，给人以"方寸之间见天地之阔"的感觉。特别是小件玉器，经精工细琢，雕得玲珑剔透，镂空、活环、套链等工艺运用巧妙，富有立体效果（图367～369）。

扬州也是一座历史名城，唐宋以来是南方最主要的经济重镇之一，曾有"扬一益二"之称。由于它是南北大运河的要冲，又位于长江北岸，交通便利，所以在明清时期成为两淮盐运的中心，商业十分发达。扬州有一个与苏州不同的特点，就是文化事业非常繁荣，清代许多著名画家云集于此，从事创作活动。其中最著

图 367　清宫旧藏苏州工镂雕牡丹花薰

图 368　清宫旧藏苏州工童子洗象玉摆件

图 369　清宫旧藏苏州工三连环转心玉佩

名的是"扬州八怪",对清代画坛产生了很大影响。扬州的琢玉业就是在这样的环境中发展起来的,并深受绘画艺术的影响。

扬州琢玉业以琢治巨型玉器而闻名天下,所雕之器构思新颖,设计严谨,气势奔放,别具一格,充分体现了扬州玉工出色的创造力和高超的技艺,也奠定了扬州琢玉业在琢玉史上所占的特殊地位。现存于北京故宫博物院的扬州巨型玉雕主要有"大禹治水图"玉山、"会昌九老图"玉山、"丹台晓春图"玉山及"秋山行旅图"玉山等（图 370、371）。

扬州琢玉的主要特点在于:首先是将绘画艺术同琢治工艺有机地结合起来,准确地反映画面内容及情节。许多玉雕的艺术主题都是以名画或诗为蓝本,再根据玉料的颜色、大小,进行再创作,充分利用玉雕的立体形象,将画面平面展示的内容琢成一幅具有透视效果的宏伟场面。其次,在场景雕造上,善于运用高浮雕和圆雕的手法,表现远近、高低、上下不同层次的景物。大型玉雕的玉质中,常含有许多颜色不同的杂质和较重的绺纹，但玉工能够充分发挥想象力，琢成嶙峋的怪石、枯黄的树叶、崎岖的山道等，与画面内容紧密相连，情景交融，有强烈的感染力。再次，就是具有一套攻治巨型玉雕的丰富经验和成熟技艺。从现存的玉雕来看，琢治技术运用十分娴熟，而且精湛绝妙，这是一般琢玉作坊无法做到的，必须用特殊工具和设备才能完成。

苏州和扬州琢玉业的空前繁盛，造就了一批身怀绝技的玉匠，其中代表人物是明代晚期极负盛名的治玉高手陆子刚。在传世的明清玉器中，有一些刻有"子刚"或"子冈"款的玉器，这类玉器构思奇巧，制作精致，成为人们所喜爱的珍品。这"子刚"与"子冈"就是陆子刚。陆子刚是苏州太仓人，生活在明嘉靖、万历年间。明万历年间的《长物志》在讲述当时琢玉名匠时曾提及陆子刚。明陆继儒的《妮古录》记载："乙未（1595年）十月初四日，于吴伯度家见百乳白玉觯，觯盖有环。贯于把手上，凡十三连环，吴人陆子所制。"可见陆子刚大致活跃在16世纪中叶的苏州玉肆行，但具体生卒年月无法确知。传说陆子刚私自在一件龙形玉器上刻了"子冈"款，后被人告发，冒犯了皇上，被秘密赐死。

《苏州府志》和《太仓州志》中，都有一些关于陆子刚制玉绝技的记载。据

图 370 清宫旧藏扬州工"会昌九老图"玉山子

图 371 清宫旧藏扬州工"秋山行旅图"玉山子

说陆子刚琢制的水仙发簪，玲珑奇巧，花茎细如毫发，深受当时妇女的推崇，"价一枝值五十六金"。徐渭《水仙》赞叹道："略有风情陈妙常，却无烟火杜兰香，昆吾锋尽终难似，愁杀苏州陆子刚。"凡玉器的琢治一般用砂碾，而陆子刚独用刀雕刻，他死之后，这手绝技也就失传了。

由于陆子刚技艺高超，出类拔萃，得到了明代皇帝的赏识，将其招入宫内供事。传说有一天，皇帝想试试陆子刚的才艺，拿出一个拉弓引弦用的玉扳指，让他在扳指上雕出百骏之图。一个玉扳指不过拇指大小，如果真要在扳指表面雕出一百匹奔腾的骏马，那即使有天大的本事也做不到，但陆子刚却满口应承下来。几天后，陆子刚将雕成百骏图的玉扳指呈上。皇帝仔细一看，扳指上并无百骏，仅有三匹骏马，以及崇山叠峦和大开的城门。这三批骏马中，一马正向城门飞奔，一马已到城门下并向城里奔跑，另一匹在山谷中仅露马头。陆子刚在极有限的画面上，巧妙运用虚拟手法，寓百骏于想象之中，完美地表现了画面主题。于是皇帝对子刚的构思设计大加赞赏。

明清时期，上流社会形成一股收藏古玩的风气，同时代名人的作品也在此之列。一些著名工匠因身怀绝技而成为社会名流，陆子刚属当时玉匠中顶尖人物，因此他的作品的价格往往比一般玉器要高数倍。到了清代，带有"子刚"款的玉雕作品更是人们竞价追逐的对象。

目前所能见到的带有"子刚"或"子冈"款的玉器很多，仅故宫博物院就收藏数十件，国内外其他博物馆及私人手中亦收藏不少。但明清时期伪制、仿制同代工艺品成风，因此带子刚款的玉器仿制的也很多，传世的子刚款玉器中有一部分确系出自陆子刚之手，但绝大多数是后人仿制的。

就故宫藏的这批子刚款玉器而言，大部分是清宫旧藏，有壶、杯、洗、盘、墨床、笔格、笔添、磬、佩、璜、带钩、簪等。款识有阴有阳，有篆隶亦有楷体，图案题材也多种多样，风格淆杂，琢制水平高低相差悬殊，做工均无一相似。

一般来说，清代仿制品都为"子冈"款，而且有明显的清代玉雕风格，较易识别。有一些明代前期的子刚款玉器，器物制作年代与陆子刚生活时代不符，款为后加的。还有的玉器，款识为"子网""子岗"等，是否为陆子刚所制玉器，尚难断言。传世还有一种子刚款的玉牌子，为长方形、圆形或椭圆形，一面刻诗文，一面刻画，并镌名款，均为浅地子阳文，材质精细，清新淡雅，顶端有孔可佩带。总之，陆子刚琢玉真品传世并不多，它具有明显的明代制玉特征，如器型都为生活用器，多用连环锁链；纹饰图案多为长寿吉祥和龙凤麟螭一类的神兽；制法上用浅浮雕、浅地子、剔地阳文、镂雕以及规整中略带粗犷的琢痕，地子凹凸不平，等等。

下面介绍两件带有子刚款的玉雕作品：

玉"合卺杯" 玉质呈青色，高 7.5 厘米、横宽 13 厘米（图 372）。杯由两个直筒状圆形器连接而成。底部有 6 个兽首足，杯体腰部上下各饰一周绳纹，作捆扎状。杯体一面圆雕一凤作杯把，另一面浮雕盘绕爬状的双螭。两螭之间的绳纹结扎处上有一个方形图章，上刻隶书"万寿"两字。杯的一侧刻诗一首："隰隰楚璞，既雕既琢。玉液琼浆，钓其广乐。"末属"祝允明"三字，诗上部有"合卺杯"三字。杯的另一侧亦刻诗一首："九陌祥烟合，千香瑞日明。愿君万年寿，长醉凤凰城。"诗上部有"子刚制"三字。此器雕琢古朴典雅，又刻有著名诗人和书法家祝允明的诗句，实为罕见的传世之宝。从纹饰和铭文来看，这件玉杯是贡给某帝王结婚用的重要礼品。

图372 子刚款玉合卺杯

玉环把杯 玉质呈白色，连盖通高 10.5 厘米、口径 6.8 厘米（图 373）。1962 年出土于北京小西天一座清墓中。杯体为圆筒形，由杯身和盖两部分组成。盖顶正中有一个圆形纽，上面饰水涡纹，靠近外

图373 子刚款玉环把杯

沿有三个圆雕的卧狮，成等距离三角形排列，每两狮间各阴刻一个兽面。盖沿边缘阴刻云纹，杯体表面以蚕纹作锦地，隐起螭虎和夔凤纹。杯底为平底，外侧有三个兽状足。杯身有一个环形把，作象形，象鼻内弯成一孔，可持用。把下有剔地阳文篆书"子刚"两字。顶钮和把上原有穿嵌的活环套，但已丢失。从造型和纹饰来看，该器是仿先秦汉代的同类器物制作的。此杯主人是清康熙年间一品官索额图的幼女黑舍里氏，夭亡时年仅 7 岁。葬于康熙十四年，估计此杯是作为墓主人生前珍爱的物品陪葬入墓的。子刚款的玉器出土极少，因此这件玉杯是研究子刚款玉器难得的实物资料。

雄浑巨雕

在北京北海公园前的团城内，存放着一只大玉瓮，它厚重古朴，气势雄伟，观者无不赞叹。它就是中国琢玉工艺史上一件重要的大型玉器"渎山大玉海"（图 374）。

渎山大玉海，又称黑玉酒瓮，玉质青白中带黑，属杂色墨玉，硬度为摩氏 6 度，高 70 厘米，口径 135 ～ 182 厘米，最大周长 493 厘米，膛深 55 厘米，重达 3500 千克（图 375）。瓮体椭圆形，膛内空，光素无纹，只有乾隆皇帝三次为玉海所作的三首七言诗及他自加的注释。

瓮体外表周身浮雕波涛汹涌的大海和沉浮于海中的各种动物，有海龙、海马、海猪、海鹿、海犀、海螺等，形态各异，栩栩如生，出没

图 374 北海团城

于惊涛骇浪之中（图 376）。海中动物的身形、毛发、胡须、鳞甲及翅膀以阴阳不同的线条来表现；海的激流、漩涡和波涛则以各种变换无穷的纹样来显示。

全部图像如同一幅绘画长卷，以传统的散点透视手法安排波涛与海兽的位置。海龙为海兽的主体，置于南北长画面正中，其他海兽则错落有致地陪衬在东西两个侧面或拐角处。海水与海兽间构成了主次分明、动静结合、千姿百态的场面，颇有"海阔凭鱼跃，天高任鸟飞"的气势。整个雕刻既粗犷豪放，又细腻精致，带有强烈的神秘感和浪漫色彩。

它为什么被称作"渎山大玉海"呢？"大玉海"是形容器体很大，乾隆的玉海刻诗云"可贮酒三十石"，瓮外表纹饰为海中景象，亦有"海德""海量"之意。"渎山"，乾隆认为是指放置玉海的北

图 375 渎山大玉海

图 376 渎山大玉海局部

海琼华岛，但不同的琼华岛在历史上尽管名称很多，却从未有"渎山"之称。以前有专家考证，"渎山"应是大玉海玉料的产地，在今四川西部的岷山一带。《太平御览》称"西蜀出黑玉"；《云林石谱》亦云："蜀之永康军，产异石……皆表黑温润而坚，利刃不能刻，扣之声清。"直至今天，西玉仍为人们所利用，其质色与大玉海十分接近。近年来很多专家指出"渎山"即是河南南阳独山，独山玉也与渎山大玉海的玉质外观非常接近（图 377），因此，大玉海的原料应产于独山。

图 377 独山玉矿脉

据《元史》记载，渎山大玉海制成于至元二年十二月，即公元 1265 年，距今已有 700 余年。经估算，大玉海的制作工时如按每天 8 小时计，一名匠人最少需 60 年的时间才能完成，而十几名匠人同时工作，也不会少于 5 年才能琢成，因此大玉海的制作至迟在 1260 年就开始了。早在公元 1253 年，元世祖忽必烈平灭了今云南一带的"大理国"，随即又征服了西藏高原的吐蕃，尽占西南之地。大玉海的玉料有可能就是在这一时期从独山转运到北京的。

渎山大玉海制成后，按元世祖忽必烈的旨意，放置在琼华岛广寒殿（图 378）。广寒殿是金代建筑，至元代时仍在使用。公元 1368 年，明朝大将徐达率军攻占了

图 378 北海公园内白塔所在的地方是元代放置"渎山大玉海"之处——琼华岛广寒殿

北京，元顺帝率一部分蒙古贵族仓皇逃至漠北，玉海遂归属于明王室，它一直在广寒殿中安放了近 200 年。明末清初，北京城几经战乱，广寒殿遭火焚毁，大玉海也被火烧。

现在我们仔细端详玉海的质地，就会发现它有多处对穿的裂纹及发磁性的地方，这都是经火烧或高温烘烤过的痕迹。清顺治六年（1649 年），在琼华岛广寒殿的废址上修建了白塔，这时大玉海已不知去向。

它流落到何处去了呢？原来它被紫禁城西华门外真武庙的道人拉去作了菜瓮。玉海经烧烤后表面失去了玉质感，外观看上去与石瓮无异，加之玉海长期存放于禁宫中中，一般人对它的来历和价值不了解，因此在兵荒马乱之时，离琼华岛不远的真武庙道人发现了它，认为用它腌菜挺合适，便把它拉回庙中。

大玉海在民间流落了将近一个世纪之久，直到乾隆十年（1745 年），才被重新发现。乾隆得知玉海后，立即下令以千金赎回，置于团城的承光殿内。过了 4 年，乾隆又命在承光殿前修建一座小亭子，将玉海下配汉白玉雕花石座，陈设于亭中，这就是我们今天见到的"玉瓮亭"（图 379）。乾隆还让内廷翰林等 40 余人各赋诗一首，刻在亭柱上。

大玉海在发现时，已经火焚、长期风化及腌菜玷污等，受损严重。乾隆喜爱古物，特别重视这样的历史重器，所以他屡次下令加工修饰玉海。

据清宫内务府造办处档案及乾隆的咏玉海刻诗句，得知渎山大玉海在乾隆年间，至少有 4 次修复和琢磨。所以，今天所见的玉海，虽保留了原来的艺术风格，但与元

图 379 清代陈设"渎山大玉海"的"玉瓮亭"

但与元代的面目已然不尽相同。

元代是蒙古游牧民族建立的政权，生产水平和工艺技术相对内地的汉文化来说，是比较落后的。蒙古民族在进入中原内地的同时，迅速接受了高度发达的汉文化，"渎山大玉海"具有传统的中国艺术风格，它的制作正是这一历史背景的产物。元朝建立前，北京为金代都城，元灭金后，也将北京定为国都，因此大玉海应是在北京制作的，其制作者是金代留下的玉匠。

"渎山大玉海"的制作具有划时代的意义。在此之前，中国玉器发展史上还未琢治过如此巨大的玉雕，它是现在时代最早、形体最大的传世玉器，标志着中国琢治玉器的技术达到了一个相当高的水平。大玉海对明清玉器的制作亦有影响，如明代一些玉器造型粗犷浑厚，雕工刚劲有力，多少能看出大玉海的风格。到了清代，则出现了大型山子玉雕。

山子指的是假山，山子玉雕即为巨型玉山。它是利用天然玉料，随形设计雕刻，将自然界的山水林木、人物、亭阁浓缩在一块玉石上，收到以小见大的艺术效果，反映了自然界美的本质。它是清乾隆年间扬州玉工开创的玉雕品种，代表了中国古代玉雕工艺的最高水平。

现存于北京故宫博物院内的几件山子玉雕，都是在乾隆三十一年至五十二年这 20 年间琢制的，其中最辉煌的作品是举世闻名的"大禹治水图"玉山。这个玉山高达 2.24 米，宽 0.96 米，重达 7 吨。它的玉质呈青色，温润致密，绺纹较多。玉山表面琢磨匀净光滑，精致工整，整体为圆雕的陡峭险峻的山峰。玉山底部嵌放在青褐色的错金铜座中，基座高 0.6 米，平面略呈椭圆形，四周雕山纹和树木，与所承托的主体非常谐调。它的漆黑沉重的色泽衬托青白的玉雕，更显美玉的光润、华丽（图 380-1）。

这件玉雕是根据一幅古画《大禹治水图》制成的。这幅古画在制玉时已残损不全，没有作者和收藏家的款识。据当时考证，可能是宋代画家的作品。乾隆四十一年（1766 年），清宫造办处按旨在玉山上将画临摹，然后发往扬州琢制，直到乾隆五十二年（1787 年）才告完成。

扬州玉工在琢制时，充分发挥丰富的想象力，随形施艺。以浮雕和圆雕的技法灵活安排山水人物，其中有耸立的山峰、树木和悬崖绝壁，以及幽深的峡谷、急涌

1　　　　　　　　　　　　　　　　　　2

图 380 举世闻名的"大禹治水图"玉山及局部

的瀑布，深雕洞穴、崎岖的山路和凸出的巨石。自然景中的人物均为立雕，动作姿态各异，景物和人物和谐地融为一体，在光线的明暗和层次远近的处理上，显得十分活泼明快，刻画得淋漓尽致，生动表现了开山治水的人们在大禹的带领下，用原始工具开山凿石，呈现出一派热火朝天的劳动场面，气势十分壮观（图 380-2）。从比例上看，人的高度约为 9 厘米，相当于实际人身高的二十分之一，这是我国古代模型中常用的"五分样"。

在玉山的正面山巅刻"五福五代堂古稀天子宝"和"天恩八旬"两方印；玉山背面上端，刻着双行隶书大字"密勒塔山玉大禹治水图"，还有"古稀天子"一圆印。题铭下镌刻有乾隆的题诗，共 322 字，赞颂了大禹的治水功德。

从题铭可知，"大禹治水图"山子玉料来自"密勒塔山"。"密勒塔山"即密尔岱山，位于今天的新疆叶城县叶尔羌河支流棋盘河的上游，是清代乾隆、嘉庆年间规模最大的玉料产地（图 381）。密尔岱山高峻，藏玉丰富，虽开采艰难，但最盛时采玉仍达 3000 人之多。密尔岱所产之玉块度大，产量高，清代宫廷陈列

图 381　清代最大的玉矿——密尔岱山

图 382　"大禹治水图"玉山的玉料就出产在这个玉矿

图 383　随处可见遗弃的玉料

性大型玉器的玉料大多来自此地（图 382、383）。据《西域水道记》载，嘉庆四年（1799 年）采到大玉三块，"首者青，重万斤；次者葱白，重八千斤；小者白，重三千余斤。辇至喀喇沙尔（今喀什），以其劳人，罢之"。乾隆时每年产玉估计不下 5000 公斤，玉质有白玉、青白玉、青玉等。

"大禹治水图"山子玉料经艰苦搬运，于乾隆四十一年（1776 年）运抵北京。乾隆见此玉材巨大，非常重视，下谕令将其画样后发往扬州。扬州玉工费时 6 年，琢成玉山，又经水路运回京城，放置在皇宫的乐寿堂内，并由朱永泰等玉匠镌字，前后共耗费 10 余年时间。器成后，乾隆大喜，题诗曰："画图岁久或湮灭，重器千秋难败毁。"道出了琢治大玉山的目的。

清宫珍藏的山子玉雕是宫廷玉器发展的里程碑，也是世界人类艺术宝库中光彩夺目的瑰宝。

崇古风起

自宋代以来，在皇家贵族、达官显宦和文人墨客中盛行一股玩赏古玩的风气。他们广为罗致三代秦汉甚至更古的器物，作为珍爱之物收藏起来。明清时期，这种风气达到极盛，从皇室到民间，无不热衷于古物的搜集和玩赏，古玉亦成为玩赏物中的重要一类。但真正的古玉毕竟是后世无法再创作的东西，数量很有限，而玩赏者却日益增多，古玉交易也逐渐活跃。在这种背景下，仿古玉便应运而生了。

仿古玉是模仿古代玉器和铜器式样加工碾琢的玉器（图 384 ～ 387）。民间

图 384 宋仿汉玉剑璏

图 385 清仿汉"延年"出廓玉璧

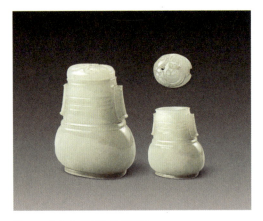

图 386　宋仿古青铜贯耳壶玉瓶

图 387　宋仿古青铜玉爵

制作仿古玉的目的，多是为了获取高额利润，而清宫廷制玉作坊则是为满足皇族玩赏的需要而制作仿占玉。仿古玉出现于宋而盛行于明清，特别是清代仿古玉的制造、销售、收藏、玩赏等，规模均达到高潮，其数量相当可观，各地博物馆、文物部门收藏较多，成为明清玉器中重要的组成部分。

　　清宫内廷是仿古玉制作的中心。清代礼制主体是采用中国传统的礼仪之制，在玉器的使用上，继承了古代以璧礼天，以琮礼地，社稷用圭的传统（图 388）。乾隆三十四年（1770 年），天旱祈雨，乾隆下诏说：玉可以荫护嘉谷，避免水旱灾害，今后要用玉来祈雨。此后以玉祈天成为定规。

　　仿古玉的制作首先是为满足清宫礼仪的需要，清代考据文献的风气十分浓厚，宫廷组织许多学者整理和著录了大量古代文献和器物，对一些古代玉器名称、用途加以考释。乾隆皇帝本人嗜古成癖，很重视古玉器的考释，亲自写了一些考释文章，并常在古玉上题名、作诗（图 389）。特别是对于汉玉特征的认识上，乾隆的鉴定是比较准确的，宫廷"玉作"机构常依乾隆的旨意，仿制大量汉玉。

　　清代的治玉技术，在中国古代玉器发展历程中，已达到最高水平，几乎到了随心所欲的地步，这大大地推动了仿古技术的进步。清宫内藏有极丰富的古玉，使得宫廷玉匠可以比较准确地认识和把握不同时代玉器的不同特征，制出的仿古玉几近以假乱真，这是民间玉工所不能比拟的。因此清代宫廷作坊的作品，代表了仿古玉的最高水平。

清宫仿古玉器复杂多样，从新石器时代至清代出现过的玉器，都是刻意仿制的对象（图 390）。仿制古玉首先要寻找与出土玉器相类似的玉料。因为古玉长期埋于地下，玉质会受到不同程度的浸蚀，而且有变色和骨化现象。民间多用带有斑点、绺道、瑕理的杂质玉或石质化重的劣质玉，颜色以杂色、石色和暗黄为主，以求达到乱真的效果。而宫廷仿古多用较纯的青玉和碧玉，采用人工沁色等方法仿古。汉唐以来的玉器，较精致者多以和田羊脂玉制作，因此清宫内仿古玉以脂玉为玉材的很多，而且制作也很精致。

清代宫廷仿古玉的形制，主要源自传世古玉和文献图籍。模仿前者的玉器一般来说比较近似，较忠实于原物，仿古意味浓厚；模仿后者的玉器，多出于主观杜撰，器形似是而非，全无古意。清仿先秦玉器种类主要有琮、璧、锛、牙璋等，在纹饰、造型、风格方面与原物极似，只是由于工艺过于细致失去了原有的古拙韵味。清代对于汉代玉器的风格特征一般能够比较准确地把握，这也是当时古玉研究的一大成就，仿汉玉器大量流行，也与此有很大关系。清代的仿汉玉器多

图 388 清代玉圭璧

图 389 清乾隆在古玉圭上加琢御制诗和玺文，并加配木座

图 390　清仿良渚文化玉镯

为仿汉玉佩，主要有鸡心佩、蟠螭佩、"宜子孙"璧式佩（图 391、392）等，在
造型上要比汉代玉佩复杂。其他仿汉玉器种类还有璧、卮、角杯、环、鸠杖首、辟邪、
剑饰等。清代仿唐玉器很少，仅有玉飞天、佛像、砚等，但由于器物本身的古朴
和稀少，因此仿唐玉器倍受皇帝的喜爱。清代仿宋、元、明玉器数量和种类都比
较多，有仿宋代的玉人、玉杯、玉佩；仿元代玉炉顶、玉带扣、带钩；仿明"子刚"
款玉器等。由于这些玉器的时代与清相去不远，因此清宫"玉作"在仿制上极其细致，
不仅要求形似，而且在工艺和局部加工上也体现出当时的风格。

　　清代仿古玉器的另一特色就是仿制了许多三代青铜器。乾隆晚年，嗜古之癖
大作，极力提倡以青铜彝器为蓝本的仿古玉。清官保存的这类仿古玉主要有碧玉
豆、蟠龙出戟花插、海棠式觚、四环耳壶、鱼鸟纹壶、兽耳方壶、兽面纹簋、单
柄匜等（图 393、394）。其特点是按青铜器的造型，稍作改变，制作极为精致，
器底往往镌刻"大清乾隆仿古""乾隆仿古"的字样，标明仿古。这种仿古作品，
借鉴了古代传统艺术，丰富了玉器的表现内容，是艺术的再创造。

由于玩赏古玉成了宫廷生活中重要的活动内容，所以清宫内收藏了大量通过各种途径所获的古玉。清帝玩赏古玉时，常常别出心裁，按个人的喜好，将旧玉翻新、刻花和加款。据清宫档案记载，雍正三年（1725年）一次改做旧玉近30件；乾隆三年（1738年）七月，将20多件旧玉镌刻乾隆年制款，并配架座（图395）。大规模地改制旧玉，使得大量古玉被毁，变得面目全非，实是玉器史上的一次劫难。

图 391　清仿汉鸡心佩

图 392　清仿汉"宜子孙"璧式佩

图 393　清仿古玉鼎

图 394　清仿古玉簋

图 395 清乾隆改制的良渚文化玉琮

清代仿古玉的制作工艺有两种情况，一种是依古玉造型和纹饰进行仿制，目的是为满足人们的爱好，这类仿古玉较易识别；另一种不仅在造型、纹饰上与古玉相同，而且通过特殊手段，对器表层颜色进行复杂处理，使之形神逼真，真伪难辨。

据观察，清代仿古玉做旧的方法有以下几种：一是染色，主要有琥珀色和血色两种。古玉长埋地下，受浸蚀后呈暗黄色，故以琥珀染玉以仿之。据古玩家称，墓葬中古玉受尸血浸蚀而变成暗红色，因此在仿古做旧时常染以赭红色。二是烤色，即用火烧成的颜色。主要为掩饰瑕绺和仿制土沁所形成的黄色斑块。三是利用玉皮色深质糙的特点仿制旧玉。四是用泥子做出假沁色，有黑、赭、土黄等。

仿古玉的产生和发展，是同当时经济、文化条件相联系的，在一定程度上反映了当时的艺术风貌。玉工在创作中充分利用了智慧和技巧，制作出有着古色古香隽永格调的古玉。因此，仿古玉在中国玉器史上独树一帜，具有特殊的地位。

清代中期以后，在文人学者中逐渐形成一股考据之风。文人们埋头于古代经书中，寻章摘句，校勘辑佚，来通经解史。在这种风气影响下，不少学者广为搜罗各种古器物，对它们进行详细的整理和研究，而在古玉研究方面成就最显著的就是清末金石学家、古文字学家吴大澂。吴大澂，江苏吴县（今苏州）人，字止敬、清卿，号恒轩，晚年号愙斋，生于清道光十五年（1835年），逝于光绪二十八年（1902年）。他原名大淳，后因避同治帝载淳之名而改为大澂。吴大澂于同治十年（1871年）中进士，授翰林院编修，后来历任陕甘学政、广东巡抚、河东道总督和湖南巡抚。中日甲午战争爆发后，他自动请缨，率湘军出关御敌。光绪二十一年（1895

年），湘军在关外战败，吴大澂受到革职处分。

吴大澂精通金石文字，喜好收藏古董，并与当时一些著名学者，如陈介祺、王懿荣等，有密切的交往。他在任陕甘地区学官期间，获得了相当丰富的商周秦汉遗物。由于他擅长书法和绘画，使所藏珍贵资料和精湛研究成果，得以较好的流传。他的主要著作有《恒轩所见所藏吉金录》《愙斋集古录》《说文古籀补》《古玉图考》和《权衡度量实验考》等，在这些著作中，吴大澂将出土或传世的实物与历史文献相参证，取得了可喜的成绩。

《古玉图考》出版于光绪十五年（1889 年），由上海同文书局以石影印刊行。在这部著作中，吴大澂将自家及友人所藏古玉绘制成图，详细考定其器名和用途。自宋代以来，金石著录很多而古玉专著极少，其原因一是古玉无文字可考，研究难度很大；二是唐宋以来，仿制古玉之风盛行，真假难辨。宋代吕大临的《考古图》和薛尚功《历代钟鼎彝器款识法帖》，都收录了一些古玉，但数量很少，与其所著录的铜器和石刻相比，玉器处于小宗的陪衬地位。元代朱德润的《古玉图》，是第一部古玉专著，收录玉器 41 件，主要为佩饰和剑饰，缺乏考释。清初时，有人托宋代龙大渊之名伪造《古玉图谱》一书，多达 100 卷，内容芜杂，无多大参考价值。

《古玉图考》问世后，立刻受到中外古玉研究者的极大重视。日本、美国和欧洲的一些学者也深受该书的影响。因此在它流传的 100 多年间一直被传统研究者奉为古玉研究的经典之作，时至今日还有相当多的学者仍在沿用吴大澂的学说。那么，吴大澂的《古玉图考》究竟有哪些优点呢？

首先，该书所收录的古玉不但数量多，而且种类齐全。所收玉器达 220 多件，超过以前任何一部古玉著作所收玉器的数量，种类多达近 40 种，几乎包含了所有常见的古玉品种，时代从史前时期直到明代（图 396）。如此丰富的资料有助于读者认识整个中国古玉发展历程和种类的变化。

其次，该书中所绘制的玉器线图极为精确翔实。这些线图是吴大澂的族弟吴大桢绘制的，以墨线描绘玉器的形状和花纹，十分精细，即使器物本身有残痕，亦描绘下来，同一器物若两面花纹不同，则绘两图表示。线图比例多为原大，否则在图旁注明比例。有的学者曾将书中所绘玉器图与原器物进行过比较，认为玉器图样无

图 396 吴大澂旧藏良渚文化玉璧（正、背面）

论在器形、纹饰的描绘上，还是在尺寸的掌握上都很忠实于原物。例如，该书第 1 页，绘有一件"镇圭"，其侧边和刃角上有残缺，并注明图的尺寸"小于器十分之七"，测得长 16.7 厘米。此器现藏于英国大英博物馆，实测器长 23.8 厘米，与"小于器十分之七"的 16.7 厘米正相符合，而且残缺之处也绘制得很正确。又如该书第 119 页的"龙文佩"为战国时期的龙形佩（图 397），现藏美国哈佛大学博物馆，其尺寸为长 15 厘米、宽 5.5 厘米，与吴大澂所描绘尺寸相符（图 398），而且该龙尾部雕刻有一只极小的凤，这在《古玉图考》中绘制得相当清楚，可见吴氏兄弟在审视古玉和绘制时，是极为认真细致的。

　　再次，吴大澂对一些重要礼器的名称进行了较详尽的考释。吴大澂每得一古玉，"必考其源流，证以经传"，力求明确它的器名和用途。圭和琮是先秦文献中所记载的最重要的两种玉器，但这两种玉器的形状究竟是什么样的，后人争论很大。文献的记载中，各种形状圭的名称多达几十种，吴大澂在所搜集的玉器中，对照古圭名将其一一分辨出来。特别是作平首、弧首或凹首的圭，当时被称为"药铲"，吴大澂则认为它是《周礼》中所记载的"镇圭""琬圭"和"琰圭"。传世的玉琮在当时被称为"钉头"，认为它是套在木杠两端，用来作车轴两端的装饰或压在抬杠者的肩头。清代中期时，即有学者指出这种形式的玉器应为琮，吴大澂进一步发挥了这种看法。《古玉图考》中收录玉琮 31 件，吴大澂根据它们的形状，分别定名为大琮、黄琮和组琮，这些琮名直至今日有的学者还在沿用。

20 世纪初，中国考古学诞生。60 多年来，考古学者发掘了大量的古代遗物，这不但对古史研究产生了很大影响，而且使古玉研究真正纳入了科学的轨道。因为从墓葬、窖藏等出土的玉器，时代清楚，而且根据它们的出土位置也可判断它们的作用。许多学者开始将考古资料与文献结合起来研究古玉，并对《古玉图考》中许多玉器的定名和用途提质疑，甚至严厉批评。有的学者提出，吴大澂是"一位有古器物学者倾向的儒家学者"，他的研究方法是"吴大澂式经学家方法"。更有学者认为《古玉图考》所述之玉"定名不准确，断代不科学"……那么，此书的谬误之处究竟何在呢？

首先，吴大澂把所搜集的玉器，都依《周礼》进行定名，所以一些器物的名称未免有穿凿附会之嫌。因为《周礼》一书所述，并非全为周代之礼，而且叙述的用玉制度也多被后世儒家理想化。另外，

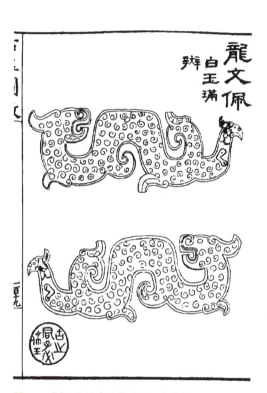

图 397 《古玉图考》所描绘的"龙文佩"

图 398 美国哈佛大学博物馆收藏的吴大澂旧藏"龙文佩"

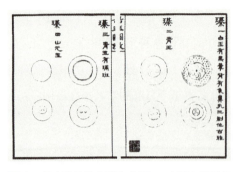

图 399 吴大澂认为此器为"璏"，实际上是汉代 图 400 汉代的玉剑首（正、背面）
的玉剑首

被吴大澂定为周代之玉，有许多时代较晚。其次，吴大澂误定了一些器名，如该
书第 73 页所绘的两只卧猪，吴大澂认为它们是琥，并说"汉琥符形制或即仿此。"
其实，这两件玉卧猪就是汉代葬玉中常见的玉握猪。又如该书第 180 页绘制了 4
件"璏"，吴大澂认为它们是"正冠之玉"，缝于衣冠上。而现在看来，所谓"璏"，
实际上就是玉剑饰之一的剑首，流行于战国至两汉时期（图 399、400）。吴大澂
之所以会出现这些谬误，是由于他受时代所限，不知道这些玉器的准确时代及出
土位置的缘故。

　　虽然越来越多的学者指出这部书的缺陷和不足，但它作为一部划时代的经典
之作，其影响是十分深远的。它毕竟代表了当时最高的研究水平，而且第一次将
实物与文献相验证，开创了一条较为科学的研究之路，因此对于今天初识古玉的
人来说，仍不失为一部必读之书。

海外遗珍

　　从 1840 年鸦片战争起，在外来的西方列强不断侵略下，中国社会逐渐走向衰
败。面对这个东方古老的文明大国，西方列强发动了一次次的侵略战争，在一个
世纪的时间里掠夺了不计其数的珍宝，其中不乏大量玉器。有据可查的，除了前
面提到的洛阳金村古玉外，当数北京圆明园的清代皇家玉器了。

　　圆明园位于北京西郊，是圆明、长春、绮春三园的统称。清朝统治者从1709～1860年经过150多年的不断营建，占地5200多亩，拥有景点160多处，成为一座规模空前的山水离宫。圆明园也是当时全国最重要的皇家博物馆。在装修精美、陈设富丽的宫殿以及专用库房中，陈列、收藏有历代典籍重宝、名画书法，汇同玉器、名瓷、青铜、珐琅、钟表等来自全国与世界各地的稀世奇珍，以及难以胜数的金银珠翠、绮缎织绣、衣冠服饰与家具文玩。1856年，英法联军向清政府发动第二次鸦片战争。1860年9月，在英法联军的节节进逼下，咸丰帝仓皇逃往热河，不久北京陷落。同年10月6日，英法联军入侵圆明园，疯狂抢掠、毁损积存于园中的文物、珍宝，并于17～19日纵火焚烧了三天三夜，成为人类文明史上的一场浩劫（图401、402）。圆明园文物究竟有多少被掠走、被焚毁，恐怕永远是个谜了（图403、404）。2000年5月初，国内有关单位在香港拍卖市场购回3件圆明园遗物，即长春园之西洋楼海晏堂前大型水力钟喷水口上十二生肖铜像的牛首、虎首和猴首，轰动了海内外。流落海外的圆明园文物再次成为国人关注的焦点。笔者在对美国纽约大都会艺术博物馆 (The Metropolitan Museum of Art) 的亚洲艺术部毕晓普玉器藏品 (Heber R. Bishop Jade Collection) 进行整理和研究

图 401　圆明园西洋楼废墟

图 402　圆明园含经堂遗址

时，发现该收藏中有数百件中国玉器为清代皇室玉器（图 405）。经过认真的核查和对比，笔者认定这批玉器就是约一个半世纪前流失于海外的圆明园皇家玉器。

那么，毕晓普是怎样一个人？他是如何收藏到圆明园遗物的呢？

图 403 圆明园遗址出土的玉道士头像

图 404 圆明园遗址出土的玉容器残片

图 405 美国纽约大都会艺术博物馆

图406 赫伯·毕晓普　　图407 一百年前的毕晓普玉器藏品展厅

赫伯·毕晓普（Heber R. Bishop）出生在美国波士顿，后在纽约经商（图406）。从1870年开始，他对中国和日本艺术产生了浓厚的兴趣，并着手收集中国古代艺术品。他在纽约和波士顿收购了一些精美的中国玉器，后来他了解到这些玉器来自欧洲大陆，是1860年英法联军在第二次鸦片战争中，从清皇宫和皇家园林中掠夺到欧洲的。英法联军的成员将大批古玩劫回欧洲后，把一部分玉器当作文物或古董在商店中出卖，但仍有许多玉器掌握在这些成员的家庭里。毕晓普沿此线索数次前往英格兰和欧洲大陆，先后到过伦敦、法兰克福、阿姆斯特丹、德累斯顿、柏林、维也纳、圣彼得堡和莫斯科，获得了不少最精美玉器藏品。毕晓普曾访问过中国，在颐和园附近收集了一些劫后剩余品，其中有不少是珍贵的皇室之物。随着对玉器兴趣的扩大，毕晓普的收藏范围扩展到整个玉器专题，包括矿物学和考古学。他又先后赴阿拉斯加、英属哥伦比亚、加利福尼亚、墨西哥和印度，收集了许多未加工的玉矿原料和史前玉器。至1880年，毕晓普已拥有一个庞大的玉器收藏。1902年，他将这批玉器捐赠给纽约大都会艺术博物馆（图407）。

毕晓普曾聘请学者对这批玉器收藏进行了全面的研究，其成果由布舍尔（S.W. Bushell）和昆兹（G.F. Kunz）在1906年编辑出版了《毕晓普收藏——玉器的调查与研究》（Investigation and Studies in Jade: The Heber R. Bishop Collection. New York, 1906）。编者之一的布舍尔是一位英国医生，曾在北京生活20余年，对中国古董

The Executors of the Estate of Heber R. Bishop certify that this edition of "Investigations and Studies in Jade" consists of one hundred copies printed on American hand-made paper, ninety-eight of which are for presentation and two for copyright.

After printing, the type was distributed and all materials used in the preparation of the work were destroyed, by direction of the Executors.

This copy is Number

17

图 408　现存于北京故宫博物院的毕晓普玉器藏品图录

有深入的研究。该书分上下两册，体大而厚重，仅印 100 套，是最早的有关中国古代玉器的西文著作。书中所有的玉器插图，都是以西方传统钢笔画技法绘成，非常精致。书中还附有唐荣祚的《玉说》和李澄渊的《玉作图》（作于光绪十七年，1891 年）。按毕晓普遗嘱，该书（编号第 17 号）被赠予清朝廷，现存于北京故宫博物院（图 408）。

毕晓普玉器藏品有 1100 余件，除中国玉器外，还有墨西哥的玛雅文化玉器、北美印第安人玉器和印度莫卧儿王朝玉器。中国玉器数量约占总数的三分之二，即 700 多件，玉质有软玉（Nephrite）、硬玉（Jadeite）、水晶（Crystal）、玛瑙（Agate）及天青石（Lapis lazuli）等。

中国玉器中，有一部分器物时代较早，如玉斧、玉刀可能为史前玉器，玉琮可能属商周时期，阴刻勾状卷云纹的玉片似为周汉之物，边缘钻有小孔的玉片或为汉玉衣片。还有一些则属宋元之器，如饰勾连纹及兽面纹的玉斧、镯、犀角形杯、兔形镇、仿古簋等。明代玉器有帽顶饰、玉执壶、单把杯、玉觚、螭纹璧、荷叶杯、玉带板等。藏品中的绝大部分玉器属清代，而以清代中期（即乾隆至嘉庆时期）作品为最多。有约 20 件玉器被毕晓普定为康熙时期，颇有疑问。目前存世清代玉器中，可确定为康熙时期的较少，其特点为造型小巧，图案简练，浅浮雕居多。而上述玉器造型较大，多圆雕、高浮雕，与乾隆时期玉器近似。毕晓普玉器收藏中，或可定为康熙时期的玉器，有"静明园宝"玺（图 409）、带有明末风格的玉蝴蝶和双龙耳曲口杯。另有 4 件玉器被定为雍正时期。雍正玉器存世极少，特征不明显，这 4 件玉器是否真属雍正时期，应作进一步研究。玉器收藏中还有一些应属于道光之后的作品，但难以一一准确指出，有一些特征明显的玉器（如喜鹊和身体短粗的蝙蝠造型等）和雕刻粗劣的玉器，大概属于清晚期。

清代中期的玉器种类十分丰富，按用途可分为礼器、仿古器、佩饰、陈设器和实用器具。礼器有圭璧和玄钺。仿古器有玉刚卯、玉瓮和玉觚等。佩饰有扳指、玉管、花形缀饰等。陈设器数量最多，有各种插瓶、扁壶、香薰、尊、炉瓶盒三式、如意、山子、玉盆，人物和动物造型有僧人、童子与卧牛、象驮宝瓶、大小狮、玉马、异兽和十二生肖等。实用器具有各种造型的碗、杯、水洗、盂、砚、印盒、笔筒及玉册书等。有一些玉器刻有乾隆、嘉庆年款或御制诗及碑铭。还有相当一部分玉器用料考究，琢刻精细，浮雕或圆雕龙、凤或龙凤戏珠的形象，无论是造型、纹饰，还是用料、做工上，与北京故宫博物院所藏清宫玉器相同，因此，这些玉器应是宫廷用玉。

清代中期玉器的纹饰也是十分丰富的，其图案主题多与吉庆祥和的中国传统观念有关。例如，象驮宝瓶（太平有象），法螺、法轮、宝伞、白盖、莲花、宝瓶、金鱼、盘肠（八宝吉祥），磬、双喜（喜庆），磬、鲇鱼（年年有余，吉庆有余），蟹持禾穗（和谐），葫芦、枝蔓（福禄万代），一蝙蝠衔双圜钱（福在眼前），两只蝙蝠夹一寿字（福寿双至），瓜上伏一蝴蝶（瓜

图 409 毕晓普收藏之清康熙"静明园宝"玉印

飚绵绵），一凤衔月季花枝（荣华富贵），荷叶上伏一青蛙（连生胖娃），海涛、祥云、蝙蝠（福如东海），寿桃、石榴、佛手和蝙蝠（多福、多寿、多子），喜鹊衔梅或栖息于梅枝上（喜上眉梢），等等。

综上所述，毕晓普玉器收藏有以下几个特点：第一，由于毕晓普对玉器有浓厚的兴趣，能够亲身到玉器藏地收集玉器，并耗费很大的精力、财力和时间来记录、研究这些藏品，提供了完整的原始资料，所以这批玉器的收藏史十分清楚，便于后人作进一步的研究工作。第二，收藏品中的中国玉器，有相当一部分是毕晓普在美国、英格兰和欧洲大陆收集的第二次鸦片战争劫掠品，大多数属清代中期，为清宫廷用玉。第三，它虽不是流失海外的所有圆明园玉器收藏，但可以说是清宫廷玉器在西方最大的收藏之一。

下面介绍几件毕晓普玉器收藏中的精品：

双联杯　和田白玉，长 9.5 厘米。杯作双联菱形，两端杯口沿下雕鸟身套环。杯身双联处两侧各雕有一对活泼可爱的童子，或持如意，或穿寓意太平的金钱马甲，或擎珊瑚瓶，或抱寿桃，衬托出吉庆祥和的主题。此杯的造型大概来源于明代皇室婚庆用的合卺杯，其用途也应相同（图 410）。

图 410 毕晓普收藏之清乾隆双联杯

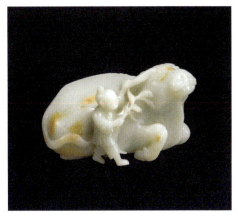

图 411　毕晓普收藏之清乾隆异兽摆件　　　　　图 412　毕晓普收藏之清乾隆童子牧牛摆件

　　异兽摆件　和田黄玉，半透明，长 8.9 厘米。黄玉是很稀少的一种玉料，元至明初时期用于玉雕，其色泽十分柔美，晚明时称"蒸黄栗"。18 世纪时人们仍然非常喜爱黄玉，这大概与明代艺术的魅力有关。此兽为伏卧状，双目圆睁，阔嘴露齿，鬃毛呈波浪状，其形象有狮、狗的特点。真实和想象的动物造型一直是中国玉雕艺术中的主角，从中国玉雕的早期阶段到明代晚期常被用于纸镇或案头陈设品（图 411）。

　　童子牧牛摆件　和田白玉，长 13.3 厘米。作品为一块和田籽玉雕成，局部表面留有褐色玉皮。玉雕表现为一个童子在服侍一头跪卧的水牛。水牛体态壮硕，性情温顺，童子一手扶牛角，一手持稻穗在轻拂水牛。童子和水牛的形象经常出现在清代玉雕中，有风调雨顺、五谷丰登之意（图 412）。

　　炉瓶盒三式　和田白玉，瓶高 10.2 厘米。炉、瓶、盒是用于祭祀的一套器具。与瓶配套使用的还应有小铲等工具，以便把香料粉从炉、盒中盛到瓶中。这三件玉雕的薄壁和器表装饰精细凹线纹的作风，是仿自印度莫卧儿王朝的玉器风格。莫卧儿王朝的玉雕曾被作为贡品于 1758 年进献给乾隆皇帝，另外驻新疆的清官员也进贡不少此类风格的玉器。乾隆皇帝很喜爱莫卧儿王朝玉器的薄壁特征，曾令宫廷玉作在北京仿制了大量此类风格的玉器（图 413）。

　　玉册书　和田青玉，长 14、宽 9.5 厘米。由玉版组成的玉册书在乾隆朝（1736 ～ 1795 年）很多，这是因为乾隆喜好玉石以及酷爱刻铭题记的缘故。现存最早的一

图 413　毕晓普收藏之清乾隆炉瓶盒三式

些玉册书是 17 世纪中期的，仿自竹木简。在此玉册书中，玉版被镶在硬纸板中，木制封面刻有"御制七佛塔碑记"，内容是乾隆所书写的七佛塔碑的碑文。此玉册书中的文字是先由当时著名书法家、"三梁"之一的梁国治用金墨书写，再由玉工镌刻在玉版上，将金叶或金粉填在字体内（图 414）。

图 414　毕晓普收藏之清乾隆玉册书

玉瓮　和田青玉，长 50.8 厘米。玉瓮呈椭圆形，外表浮雕四条腾跃的五爪龙，穿行于云海中，追逐着两颗宝珠。此器原置于圆明园，1860 年后为一英国绅士所有，后售与毕晓普。玉瓮的形状和刻于瓮内的乾隆御制诗都表明，此器的制作是受"渎山大玉海"玉雕的影响。"渎山大玉海"制作于

图 415 毕晓普收藏之清乾隆玉瓮

元至元二年（1265 年），是中国玉器史上第一件大型玉雕。它原置于北海广寒殿，元末战乱时不知去向。1745 年，"渎山大玉海"被发现于京城真武庙中，乾隆为其恢宏磅礴的气势所震撼，特修北海团城置放，并下令仿制此器。1774 年，玉瓮制成，内刻乾隆御制诗三首，其中提到此器玉料来自新疆和田（图 415）。

翡翠孩儿枕　长 22.2 厘米。从 17 世纪末到 19 世纪初，玉料来源条件的改善促使玉器的发展进入更繁荣阶段。首先，玉料的获得更加便易；其次，大块玉料的采挖为大型玉雕的制作创造了条件；再者，翡翠源源不断从缅甸输入中国，并在 18、19 世纪广为流行。此器为卧孩状，造型仿自宋朝北方定窑和磁州窑所产瓷枕（图 416）。

图 416 毕晓普收藏之清翡翠孩儿枕

图 417　毕晓普收藏之清乾隆十二生肖玉雕

　　十二生肖玉雕　和田青白玉，高约 5.1 厘米。为人身生肖头造型，身着直袵广袖长袍，持物席地而坐。古代术数将十二地支各配一种动物，即子鼠、丑牛、寅虎、卯兔、辰龙、巳蛇、午马、未羊、申猴、酉鸡、戌狗、亥猪，并认为某人生于何年则肖于某动物，可预测其未来和性格（图 417）。

作者简介

　　古方，1986 年毕业于北京大学考古系，1989 年毕业于中国社会科学院研究生院考古系。长期从事中国古代玉器研究与鉴赏，曾为美国大都会博物馆访问学者。主编有《中国出土玉器全集》《中国传世玉器全集》《中国古玉器图典》。与他人合著有《加拿大皇家安大略博物馆藏中国古代玉器》《中国老翡翠》。